"一带一路"框架下
浙江与捷克经贸合作发展报告
（2018）

郑亚莉　张海燕　著

ZHEJIANG UNIVERSITY PRESS
浙江大学出版社

序　言

　　世界变幻如此之快，以至于它不断考验着人们的预见与判断能力。"一带一路"倡议提出仅仅五年，就已经逐步从理念转化为行动，从愿景转变为现实。2017 年 5 月，100 多个国家和地区的各界代表齐聚北京，共商"一带一路"建设合作大计，场面何等壮观！"一带一路"国际合作高峰论坛的成果清单多达 5 大类、76 大项、270 多项具体成果，成果何等丰硕！于是，出现了一个奇怪的现象，无论是亚欧大陆上千差万别的国家和地区，还是省府州市，或者是跨国集团、中小企业，居然都在思考着一个相同的问题：在"一带一路"的建设中我能做些什么？一时间，不同的主体给出了五花八门的答案。于是，人们逐渐发现，"一带一路"是一个舞台，要上演何等的演出要看自身的条件和需求。在"一带一路"的建设中，一国一策、一省一策、一企一策都是再正常不过的事情。人们思考相同的问题，却需要千万种不同的解决方案，因此，参与"一带一路"建设的主体们都迫切需要为自己"量身定制"的研究成果。

　　鉴于此，《"一带一路"框架下浙江与捷克经贸合作发展报告（2018）》聚焦浙江与捷克，从浙江与捷克 2016—2017 年的贸易投资发展现状入手，结合企业一线考察调研的心得，以系统谋划、整体推进的视角深入思考，明确了"一带一路"框架下浙江与捷克经贸合作发展的战略定位、合作框架与重点领域。报告分为三篇，即现状篇、发展篇、案例篇。现状篇以数据呈现了浙江与捷克 2016—2017 年双方进出口情况、双向投资情况、人文交流情况。发展篇是该篇报告的重点，提出浙捷合作应发挥浙捷人文相亲、经贸互补、商路可通的合作优势，确认双方互为"一带一路"欧亚大陆桥建设的关键节点地位，通过共商、共建、共享"浙捷通道"，创建面向"一带一路"建设、具有"互联网+"先进特征的新开放经济平台，加强双方沟通机制建设，依托"一带一路"捷克站、"义新欧"中欧班列等平台载体，重点开展航空、汽车、电子电气等先进制造业，中医、中餐等特色产业，跨境电子商务领域，物联网产业，移动支付与互联网金融等领域的产业融合，最终实现浙捷开放体系对接的目标。发展篇对于浙捷合作的战略定位高远，合作框架设计完整，重点领域划分明确。案例篇则从"贸易促投资""'走出去'带动'引进来'"和"移动支付'新名片'"三个角度遴选了杭州炬华科技股份有限公司、万丰奥特控股集团、蚂蚁金服三则企业案例。企业用鲜活的案例诠释了对于"一带一路"框架下浙捷合作的理解，表达了对浙捷合作发展前景与合作空间的信心。

本报告设计呈现四个特点：一是聚焦浙江与捷克，主题明确，重点突出。目前，在"一带一路"研究中专门以浙江与捷克为研究对象的专题报告尚不曾见，以省域经济主体及其具体合作伙伴为研究对象的类似研究报告亦不多见。本报告从一点切入，深度挖掘，为广大读者呈现了关于浙江与捷克合作的全局性战略发展思路，避免了小角度难做大文章的尴尬。二是以现状描述为基础，战略分析为主体，案例呈现为辅助，做到三部分启承深入，相呼相应。现状发展的数据令人对评判浙捷合作前景出言谨慎，但企业的探索实践却令人欣喜地发现在传统的贸易投资数据背后蕴藏着巨大的潜力空间。以此为指引，报告进行了深入的挖掘，为大家呈现了一盘浙捷合作的棋局全貌，令人豁然开朗。三是以严谨的态度开展田野调研，搜集企业案例，成文却不止于案例事实的描述。案例篇对调研的企业案例进行凝练的总结，从企业的视角探究浙捷合作的发展之路，也为同类企业提供了参考。四是立足浙捷，辐射周边，报告以中、英、捷三语同时呈现，扩大受众面，使成果得到更广泛的推广。我们希望以这份报告为媒介，加强浙江乃至全国"一带一路"研究者之间热烈、广泛的讨论，促进浙江与捷克"一带一路"研究者之间的互动与交流，推动双方科研合作，共同携手贡献更多更好的研究成果。

本报告是浙江金融职业学院捷克研究中心的年度主打研究成果。本中心是经教育部备案设立的区域国别研究中心，是致力于捷克政治、经济、文化、社会等各方面综合研究的开放型研究平台，是服务于"一带一路"建设需要且具有资政资商职责的新型智库。本报告中文版主要执笔人为郑亚莉、张海燕等，英文版主要翻译人员为朱慧芬、洪伟及其团队，捷克文版主要翻译人员为徐伟珠及其团队。由于研究团队水平所限，不当之处在所难免，敬请社会各方批评指正。

郑亚莉

浙江金融职业学院院长
捷克研究中心主任

目 录

现状篇

2017 年浙江与捷克双方经贸合作现状分析

内容提要

◆ **双方货物贸易情况**

2017 年浙捷货物进出口总额为 7.5 亿美元。其中，浙江向捷克出口 6.4 亿美元，从捷克进口 1.1 亿美元，出口规模远大于进口规模。双方贸易增长仍有较大空间可待挖掘。浙捷贸易以产业间商品贸易为主，产业内贸易有待加强。贸易主体中外贸综合服务企业作用凸显，外商投资企业占比较高。

◆ **双向投资情况**

截至 2017 年 12 月底，捷克累计在浙江投资设立 98 家企业，主要集中在矿物制品、化纤、纸制品等行业。浙江在捷克共投资 17 家企业，主要集中在铁路、船舶、航空航天和其他运输设备制造、金属制品、批发等行业。

◆ **人文交流情况**

教育合作务实推进，形式日益丰富，合作日益深入。旅游规模呈现井喷式增长，旅游合作前景可期。音乐、影视等文化交流形式日益丰富，民间交往活跃。

◆ **分析与展望**

一要加强政策对话沟通机制建设；二要系统设计具有战略高度、面向"一带一路"建设、浙捷互为"关键节点"的新型开放经济体系；三要发挥浙捷科技优势，加强双方在跨境电子商务、互联网金融与移动支付、物联网与智慧城市等领域的合作。

捷克，地处欧洲心脏地带，是"一带一路"建设的支点国家。中国浙江，是古代陆上和海上丝绸之路的重要出发地之一。两者万里之遥，却因"一带一路"建设紧密联系在一起。两国政府高度重视，积极推进双边合作交流。现阶段，浙江与捷克总体贸易与双向投资规模不大，但贸易投资规模双增未来可期。而且，浙捷合作的重要战略意义远不止于此。浙江将推进浙捷合作来作为参与"一带一路"建设的重要工作，有意依托"一带一路"捷克站等重大项目建设面向"互联网+"新经济、面向"一带一路"建设的"浙捷开放通道"，使浙江与捷克互为"一带一路"关键节点伙伴，打造"一带一路"合作共赢的"浙江样板"。目前，推进浙捷合作正处于战略谋划阶段，创新实践的案例已不断涌现。此时，在浙捷经贸合作领域开展有益的探索，较全面地呈现浙捷经贸合作现状，发现双方经贸合作的薄弱环节与发展障碍，探讨双方合作模式的创新与领域扩展，将有助于科学评估双方合作空间，理性界定双方合作预期价值，帮助浙捷经贸合作工作健康、有序推进。

一、双方货物贸易情况

（一）总体情况：中长期看，浙江与捷克进出口贸易规模呈增长态势，但总体规模不大，进出口贸易顺差明显

数据显示，2006—2016 年，浙江与捷克进出口贸易呈增长态势，出口贸易年均增幅达到 7.67%，进口贸易年均增幅达 13.3%。2016 年浙捷双方贸易额达到 10 年来的最高值，双方货物进出口总额为 6.37 亿美元，同比增长 5.3%。其中，浙江向捷克出口 5.52 亿美元，从捷克进口 0.85 亿美元，出口规模远大于进口规模。2017 年 1—12 月，双方贸易额达 7.5 亿美元，同比增长 17.8%。

其中，浙江向捷克出口 6.4 亿美元，同比增长 15.4%；从捷克进口 1.1 亿美元，同比增长 33.6%。双方贸易增长迅速，但总体规模仍有较大提升空间。

（二）贸易商品结构：浙江与捷克双方贸易以产业间商品贸易为主，体现产业融合和产业链衔接的产业内贸易有待加强

浙江向捷克出口的商品以服装、纺织品、电线和电缆等为主，浙江从捷克进口的商品则主要以废金属、计量检测分析自控仪器等为主。在海关统计的双方进出口前 10 位主要商品中仅塑料制品、通断保护电路装置及零件两类重叠。浙捷双方进出口商品结构存在明显差异，一方面说明浙江与捷克各有产业优势，可以实现互通有无。但在以产业链为主要特征的经济全球化背景下，这一结构也体现出了浙江与捷克双方产业融合尚有待挖掘，产业内贸易仍大有可为。

出口商品结构方面，2017 年浙江向捷克出口的主要商品前 10 位如表 1-1 所示。在浙江出口捷克的主要商品中服装及衣着附件优势明显，2017 年出口额达到 6498.73 万美元，占 2017 年浙江向捷克出口总额的 11.82%。如将排名第 3 位的纺织纱线、织物及制品合并计算，纺织服装类产品在浙江向捷克出口额中占比近 15%。紧随其后的电线和电缆、电动机及发电机等出口额仅在 2000 万～2500 万美元，出口规模差距较大。

表 1-1   2017 年浙江向捷克出口的主要商品

序号	名称	累计出口金额（美元）	同比增减（%）	同期占比（%）
1	服装及衣着附件	64 987 312	3.92	11.82
2	电线和电缆	24 084 884	18.61	4.38
3	纺织纱线、织物及制品	21 634 311	27.56	3.93
4	电动机及发电机	21 625 932	37.40	3.93
5	汽车零配件	19 914 999	27.20	3.62
6	灯具、照明装置及零件	19 381 930	−13.23	3.52
7	塑料制品	15 701 013	7.52	2.85
8	家具及其零件	13 437 734	7.83	2.44
9	通断保护电路装置及零件	11 767 940	21.49	2.14
10	鞋类	11 756 937	−16.53	2.14

数据来源：浙江省商务厅

进口商品结构方面，2017 年浙江从捷克进口的主要商品前 10 位如表 1-2 所示。浙江从捷克进口的商品中初级产品占较大比重，机械类工业制成品占一定比重，进口消费产品很少，侧面反映了浙江市场对于捷克产品，尤其是消费品的了解不足，市场认可需要进一步培育。近年来，在天猫国际、宁波中国—中东欧投资贸易博览会和义乌进口商品博览会等线上线下平台的带动下，捷克的啤酒、水晶制品、化妆品等已逐渐进入浙江市场，只是市场潜力仍需进一步挖掘。

表 1-2 2017 年浙江从捷克进口的主要商品

序号	名称	累计进口金额（美元）	同比增减（%）	同期占比（%）
1	废金属	17 424 495	120.86	15.84
2	计量检测分析自控仪器及器具	4 480 412	10.37	4.07
3	钢材	3 942 388	809.07	3.58
4	纸浆	3 366 546		3.06
5	合成橡胶（包括胶乳）	3 281 169	5867.61	2.98
6	初级形状的塑料	2 920 712	−21.65	2.66
7	塑料制品	2 770 156	−30.10	2.52
8	原木	2 296 590	10.14	2.09
9	二极管及类似半导体器件	2 221 086	83.11	2.02
10	通断保护电路装置及零件	1 639 838	−5.33	1.49

数据来源：浙江省商务厅

（三）贸易主体结构：外贸综合服务企业作用凸显，外商投资企业占比较高

出口方面，2017 年浙江向捷克出口规模排前 20 位的企业包括：杭州松下马达有限公司、杭州炬华科技股份有限公司、阿斯莫（杭州萧山）微电机有限公司、浙江一达通企业服务有限公司、新华三技术有限公司、浙江科恩洁具有限公司、浙江春风动力股份有限公司、宁波麦博韦尔移动电话有限公司、慈溪冬宫电器有限公司、杭州海康威视科技有限公司、浙江兆龙线缆有限公司、宁波海天物流有限公司、日本电产芝浦（浙江）有限公司、浙江三花汽车零部件有限公司、宁波森语国际贸易有限公司、浙江柳桥实业有限公司、汇孚集团有限公司、杭州施朗进出口有限公司、宁波中基惠通集团股份有限公司、浙江永强集团股份有限公司。

进口方面，2017年浙江从捷克进口规模排前20位的企业包括：化药（湖州）安全器材有限公司、百利得（湖州）汽车安全系统有限公司、浙江新光饰品股份有限公司、乐高玩具制造（嘉兴）有限公司、宁波金田铜业（集团）股份有限公司、宁波东方电缆股份有限公司、中策橡胶集团有限公司、高田（长兴）汽车安全装置有限公司、浙江柳桥实业有限公司、台州齐合天地金属有限公司、宁波市康世达进出口贸易有限公司、嘉善华瑞赛晶电气设备科技有限公司、宁波共益国际贸易有限公司、宁波会德丰铜业有限公司、宁波华翔特雷姆汽车饰件有限公司、玉环县富立达金属有限公司、宁波君安物产有限公司、浙江省成套设备进出口有限公司、宁波立得购电子商务有限公司、蒂森克虏伯弹簧稳定杆（平湖）有限公司等。

二、双向投资情况

（一）捷克企业在浙江的投资情况

截至2017年12月底，捷克累计在浙江投资设立98家企业，合同外资9650万美元，实际外资7982万美元，投资主要集中在矿物制品、化纤、纸制品等行业。

目前，捷克企业在浙江的投资规模较大的项目有以下几个。

1. 金华冠华水晶有限公司

金华冠华水晶有限公司成立于2005年6月，由捷克恒祥股份有限公司和香港银河国际有限公司共同投资设立，投资总额为2998万美元，从事非金属矿物制品制造。金华冠华水晶有限公司是国家高新技术企业，目前已成为国内最大的钡晶水钻制造商，集水钻的研发、生产、销售于一体。近年来，公司着力拓宽产业链，不断向水钻饰品和工艺品等下游产品延伸，产品在巴西、意大利、墨西哥等十几个国家和地区拥有稳定销路。

2. 浙江珍琦护理用品有限公司

浙江珍琦护理用品有限公司于 2013 年正式投产，由捷克巴迪斯特有限公司和杭州珍琦卫生用品有限公司共同投资设立，投资总额为 2500 万美元，从事纸制品制造。目前，该品牌已经成长为杭州市出口名牌，企业已经成为中国海关 A 类管理企业，拥有浙江省中小企业技术中心，引进 2 条意大利进口生产线，已成为全国最大的护理用品生产基地之一。

3. 温州秦风电暖器科技有限公司

温州秦风电暖器科技有限公司是由捷克华侨林国光和温州天马贸易有限公司共同投资设立的，投资总额为 2000 万美元，主要从事家用电力器具制造。

（二）浙江企业在捷克的投资[1]情况

截至 2017 年 12 月底，经核准，浙江在捷克共投资 17 家企业，投资总额为 3088 万美元，其中，中方投资备案额为 3034 万美元。投资主要集中在铁路、船舶、航空航天和其他运输设备制造、金属制品、批发等行业。

目前，浙江企业在捷克投资规模较大的项目有以下几个。

1. 杭州新坐标科技股份有限公司

2017 年 10 月 17 日，经商务部核准，由杭州新坐标科技股份有限公司（以下简称"新坐标"）投资 1179 万美元在捷克的摩拉维亚-西里西亚地区设立全资子公司，建设汽车零部件及其他机械零部件欧洲基地项目。该项目是新坐标公司为进一步开拓其国际业务，快速响应欧洲客户的服务需求，增强公司的综合竞争能力而设立的欧洲生产基地。该基地将配备先进的现代化生产设备及精良团队，提升新坐标的生产能力及研发和服务实力。

---

1 浙江在捷克的投资规模根据现行统计口径统计。

2. 捷克天空领航者公司

2016 年 3 月 28 日，经商务部核准，由万丰航空工业有限公司（以下简称"万丰航空"）并购捷克 DF 公司设立，投资总额为 980 万美元。捷克 DF 公司是全球轻型运动类飞机的知名制造商之一，是捷克轻型飞机制造龙头企业，实力雄厚，产品性价比高，在全球具有较高的影响力和良好的客户群。万丰航空并购 DF 公司后，进一步提升了万丰航空在飞机设计、研发、整机制造等多方面的实力。

2016 年 6 月 22 日，经商务部核准，万丰航空投资 226 万美元在捷克新设立了万丰 AL 有限公司。事实上，万丰集团在捷克制订了系统、完整的航空产业投资合作计划，除上述并购 DF 公司、新设 AL 公司的行动外，万丰航空还与捷克多家轻型飞机公司一起打造设计研发、生产制造、配套服务平台。公司通过与捷克合作，将捷克航空产品和技术引进中国，以飞机制造为核心，构建全产业链运营体系，将万丰集团打造成通航产业的"航空母舰"。

3. Logarex 智能电表有限责任公司

2015 年 9 月 18 日，经商务部核准，由杭州炬华科技股份有限公司（以下简称"炬华科技"）投资 42 万美元并购设立，从事批发业。此次并购，炬华科技收购捷克考诺尔集团（Koh-i-noor）旗下的 Logarex 智能电表公司 100% 股权。收购完成后，Logarex 智能电表公司成为炬华科技的全资子公司。Logarex 智能电表公司 2011 年由考诺尔集团创立，主要从事能源领域的测量及数据处理和传输工具（尤其是电表）的研发、生产和销售。Logarex 智能电表公司成立之初，炬华科技即为其主要供货商。此次成功收购助力炬华科技拓展海外智能表市场，目前，炬华科技已经成为浙江向捷克出口的主力军之一，2016 年炬华科技向捷克出口 922.38 万美元，居全省第 3 位。

此外，部分在捷克的投资项目由于统计口径原因无法列入浙江在捷克的投资。如万向 A123 公司在捷克摩拉维亚-西里西亚州奥斯特拉发市投资设立锂电池工厂，由于投资主体万向 A123 公司属于美国公司，因此无法列入浙江在捷克的投资项目。2017 年 3 月 2 日，万向在捷克的锂电池工厂举行开工庆典。该工厂是 A123 全球业务战略布局的重要组成部分，将配合 A123 位于德国斯图加特的技术中心一起开展工作。在万向集团的战略规划中，捷克被定位为万向集团在欧洲的生产基地。

三、人文交流情况

伴随着国家"一带一路"建设的推进，浙江与捷克双方经贸合作不断深化。与此同时，双方人文交流日益活跃，尤其在教育、旅游、文化交流等领域，民间交流与合作项目不断涌现。

（一）教育合作务实推进，形式日益丰富，合作日益深入

截至 2017 年 12 月底，浙江与捷克开展教育合作的学校主要包括浙江大学、浙江理工大学、浙江中医药大学、浙江万里学院、杭州电子科技大学、浙江金融职业学院等高校及浙江文澜教育集团等。2017 年 2 月，杭州电子科技大学与捷克 FAIR 飞行学校签订战略合作框架协议，双方在学生联合培养、师生员工互访及航空领域科研等方面展开合作。2017 年 6 月，第四届中国宁波—中东欧国家教育合作论坛成立了"一带一路"产教协同联盟和丝绸之路商学院联盟，以推进中国与"一带一路"沿线国家在产教协同、高技能人才和商贸人才培养领域的战略合作。论坛期间，浙江万里学院与捷克赫拉德茨·克拉洛韦大学共同成立了捷克语言文化中心，开设捷克语言特色班，培养捷克语人才。2017 年 7 月，在捷克—中国投资论坛举办期间，浙江金融职业学院与布拉格金融管理大学签订合作框架协议，深化双方合作。此外，浙江金融职业学院捷克研究中心已于 2017 年 6 月经教育部备案设立，成为浙江省唯一的一家经教育部备案的捷克研究中心。研究中心以浙江与捷克的经贸、教育、金融等领域研究为主，加强浙江与捷克联合科研，发挥智库作用，推动双方经贸合作与人文交流。2017 年 10 月，浙江省商务厅会同省教育厅以"展中展"形式在捷克布尔诺举办国际教育展。浙江大学、浙江工业大学、浙江师范大学、宁波大学、杭州电子科技大学、浙江理工大学、浙江工商大学、浙江农林大学、温州医科大学、浙江财经大学、浙江科技学院、浙江传媒学院、浙江音乐学院等 37 所高校参加。留学生方面，浙江省教育厅数据显

示，目前在浙的捷克留学生人数为86人，2017年双向交流师生超过150人。浙江与捷克的教育合作将继续升温。

（二）旅游规模呈现井喷式增长，旅游合作前景可期

随着"一带一路"建设的推进，中国赴捷克旅游人数增速惊人。据捷克国家旅游局统计，2007年捷克的中国游客只有1.7万人次，到2013年猛增至18万人次，2016年已激增至35.4万人次，2017年中国赴捷克旅游人数有望达到50万人次。2017年7月，由中国旅游研究院联合携程旅游、华远国旅共同发布的《2017年上半年赴欧洲旅游趋势报告》显示，捷克居中国游客选择最多的欧洲国家中的第10位，游客增速排名第2位，而布拉格则排名人气目的地城市的第6位。为适应中捷旅游的迅速发展，截至2017年12月，中国已开通北京、上海、成都、西安至布拉格的4条直航航线。浙江也在积极推动浙江—捷克的旅游发展，2017年6月5日和6月13日宁波尝试运营了2班宁波至布拉格的旅游包机。同时，浙江也积极向捷克推介浙江丰富的旅游资源。2016年10月，浙江在捷克举行"当浙江遇上捷克——2016'诗画浙江'旅游推介会"。浙江与捷克都有着丰富的优质旅游资源，未来双方在旅游方面的往来合作前景可期。

（三）音乐、影视等文化交流形式日益丰富，民间交往日益活跃

2016年10月，浙江广播电视集团与捷克恩普雷萨传媒公司签署合作备忘录，并联合举办中国"诗画浙江"电视周活动，《西湖》《钱塘江》《杭州》等一批优秀纪录片在捷克播出。电视周期间，浙江音乐学院国乐团在捷克举行了民乐专场演出，演奏了《高山流水》《十面埋伏》《二泉映月》《茉莉花》等曲目，引起良好的社会反响。此外，杭州佳平影业与捷克双星电影公司合作出品了反映义乌商人创业史的电影《鸡毛飞上天》。在国内有着广泛影响力的综合娱乐节目《奔跑吧，兄弟》2017年选择在捷克拍摄收官之作，不仅得到了捷方的大力支持，也取得了很好的社会反响。2017年6月，捷克作为主宾国参加中国—中东欧国家投资贸易博览会，除举办"一带一路"捷中经贸

交流会外，还成功举办了系列推介活动，如捷克馆开馆仪式、捷克之夜及音乐美食等系列活动，吸引了一大批宾客和市民参与，使广大民众进一步加深了对捷克风土人情、文化传统等的了解。人文交流是增进浙江与捷克双方了解的有效途径，是推动双方深入合作的基础工作，它的作用不可替代。

四、分析与展望

客观评价浙捷合作，既要正视双方经贸合作的现实基础，又要充分认识未来合作的战略意义与巨大空间。自 2013 年起中捷关系转圜并迅速升温，令浙捷经贸合作充满机遇，当然，现实的困难还将在一定时期内与机遇并存。

（一）制约因素

目前，即使在政府的积极推动下，浙捷双方贸易的投资数据仍不理想，且尚未呈现出快速增长的确定态势，说明浙捷双方尚未建立起基于产业、市场真实需求的贸易投资促进机制。这主要受以下几方面因素的影响。

1. 长久以来，浙江与捷克互不为主要贸易投资伙伴，双方缺乏了解，现实的贸易投资效果具有时滞性。

2016 年，研究人员曾对浙江 126 家企业开展调研，结果显示：绝大多数的浙江企业对捷克缺乏了解，对于捷克的产业优势、投资政策、法律环境知之甚少。缺乏了解自然无法产生合作意愿，没有内生的合作欲望当然无法生成现实的合作绩效。

2. 捷克长久以来形成的严重依赖欧盟的外向型经济发展路径在一定程度上影响了浙捷合作的迅速推进。

捷克自 1993 年独立以来，一直对欧盟市场有着严重的依赖。捷克统计局数据显示，2016 年捷克向欧盟 28 国的出口在捷克出口总额中的占比高达83.4%，在欧盟成员国中仅次于斯洛伐克和卢森堡，居于第 3 位。2016 年捷克向中国的出口总额仅为 19.17 亿美元，同期，捷克向德国的出口额则高达526.86 亿美元，27 倍的巨大差异折射出的是长期以来捷克对中欧两个大市场依赖程度上的巨大差异。因此，要转变捷克市场主体，无论是企业，还是消费者，对欧洲市场的路径依赖需要循序渐进，绝不可能一蹴而就。

3. 双方贸易投资的众多具体现实困难制约了浙捷经贸合作发展。

贸易方面，浙捷进出口贸易规模体量较小，双方贸易推进政策缺少足够的支撑面；出口明显大于进口，贸易顺差容易引发贸易保护顾虑。贸易商品结构方面，消费品贸易规模扩大缺乏市场认可度支撑，而资本品贸易规模扩大则有赖于贸易与投资联动机制的支持，目前双方这一机制尚未形成。

投资方面，没有足够规模的贸易往来，企业投资缺乏市场认知与投资方向；对于部分有意拓展捷克或欧洲市场的浙江企业，赴捷投资又遭遇语言障碍、签证限制、招工困难等现实问题。捷克方面更关注吸引中国资本到捷克投资，为捷克经济注入新的活力，对于捷克资本赴浙投资缺乏明确的鼓励政策，捷克国内又缺乏一定数量的类似斯柯达的大企业与浙江对接。因此，浙江目前重点推动的两个中捷国别产业合作园就遭遇了较大的招商压力，真正产业层次高、能够给地方带来较多税收和推动产业升级的大项目不容易引进。解决这些现实问题同样需要假以时日。

4. 现行统计方法无法全面、客观地反映经济全球化背景下区域主体间的经济依存度。

跨国公司进行对外投资往往会充分利用母国和东道国的投资、税收、金融政策等，因此，其具体投资项目的母国不局限于其公司总部的所在国。如浙江万向集团通过其收购的美国 A123 公司在捷克投资 3000 万美元设立锂电池厂，这既不能计作浙江向捷克的对外投资项目，其欧洲市场产生的贸易也无法列入浙江对捷克或对欧洲的贸易统计，但此类项目的发生无疑增强了浙江与捷克双方经济的依存度。此类的统计假象还存在于贸易领域，因为货物贸易往往采用就近通关的方式进入欧盟统一大市场，这会导致在捷克使用的中国进口商品可能是从波兰报关进口的，海关统计口径的贸易数据则无法将其计入浙江与捷克的贸易往来。

（二）前景展望

尽管前文数据呈现出当前浙捷合作的规模小、基础弱的特点，但随着双方了解的不断深入，浙捷合作的战略意义及发展空间日益显现。浙江，作为中国开放经济的杰出代表，兼有理性务实与改革创新的优良传统，拥有突出的产业优势与鲜明的"海外浙商"优势，具有较发达的开放经济基础，在"一带一路"建设过程中自然应该承担更多的责任，做出更多的贡献。因此，推进浙捷经贸合作，浙江不应仅仅将眼光局限在贸易规模扩大、投资体量增加、人文交流活跃方面，更应该在以下几个更具战略意义、影响深远的领域做出积极探索。

1. 加强政策对话沟通机制建设，推动双方政策沟通，为经贸合作提供良好的政策环境。

政府层面，浙江—捷克联合工作小组工作机制已正式确立，有效运行。双方签有《浙江省人民政府与捷克州长协会关于建立合作伙伴关系的备忘录》《中华人民共和国浙江省人民政府与捷克共和国工业和贸易部关于加强经贸合作的谅解备忘录》。同时，浙捷双方利用中国—中东欧投资贸易博览会开展的合作发展论坛、城市市长峰会、质检合作对话会、海关合作论坛等平台积极开展政府事务领域的沟通对话。未来浙捷双方必将不断完善政府部门间的沟通对话机制，推动商务、科技、教育、旅游、海关等各领域的有效沟通与务实合作，构建政府间的政策沟通体系。

市场层面，浙捷双方已建构了一系列的项目载体推进双方合作交流，如捷克—中国投资论坛中的浙江主题活动、捷克布尔诺国际工业机械博览会中的浙江自办展，中国—中东欧投资贸易博览会、中捷（宁波）国际产业园、中捷（浦江）水晶产业园、新昌万丰"航空特色小镇"等。未来浙捷企业、市场层面的沟通机制与合作载体将不断丰富，产业协会、行业组织、企业、其他机构间的沟通交流将成为多层次、立体化的浙捷双方沟通机制建设的重要组成部分。伴随着沟通机制的日益完善，双方沟通内容将持续深入，进而推动双方经贸合作持续、健康、有序发展。

2. 具有战略高度、系统设计面向"一带一路"建设、浙捷互为"关键节点"的新型开放经济体系，实现覆盖"浙捷开放通道"中间区域、辐射浙捷节点周边国家地区的效用预期。

浙捷合作的战略体系不应仅局限于传统的贸易、投资、人文交流等领域的具体合作，更应该是基于具体领域合作的体系合作与模式创新，是对开放体系对接、融通、互利共赢的积极探索，是以浙江、捷克为双向节点，连接中间覆盖区域，辐射节点周边国家地区，体现"互联网+"经济新要求，面向"一带一路"建设的"浙捷开放通道"的创新实践，是中国与世界各国共商、共建、共享新开放经济平台的改革案例。随着双方交流沟通的日益深化，浙捷政府对于浙捷战略合作的顶层设计思路日益清晰，具有系统性、前瞻性的战略顶层设计将为浙捷经贸合作开启更广阔的合作空间，浙捷合作将会进入蓬勃发展新阶段。节点—通道的合作模式将会为国际优质生产要素向节点区域集聚提供鲜活案例，为浙捷之间的区域经济体参与"一带一路"建设提供新的平台机遇，为中欧两个大市场合作提供新的通道载体，对中欧新开放经济体系建设做出积极的探索。

目前，浙江已经构建完成推进浙捷经贸合作的基本框架：以政策沟通与人文交流为基石，以"一带一路"捷克站、中捷（宁波）国际产业合作园、中捷（浦江）水晶产业合作园等境内外产业合作园为平台依托，以"义新欧"中欧班列为纽带，以航空、汽车制造、机械、电子电气等先进制造业产业和跨境电子商务、互联网金融与移动支付、物联网与智慧城市等新经济、新金融产业为产业合作重点领域，推动浙江与捷克之间的贸易、投资和人文交流，探索浙江与捷克互为"关键节点"的新开放体系建设，实现浙江与捷克的合作共赢。

3. 体现"互联网+"经济趋势，发挥浙捷科技优势的跨境电子商务、互联网金融与移动支付、物联网与智慧城市等前沿领域合作将成为浙捷合作的特色亮点。

在跨境电子商务领域，浙江拥有极富全球影响力的阿里巴巴，2016 年 6 月，阿里巴巴已与捷克政府贸易促进局签署了关于共同举办"汇聚捷克"活动的合作备忘录。2016 年 11 月，中捷（宁波）国际产业合作园中东欧（宁波）邮政电商园项目的签署进一步推动了双方在跨境电子商务领域的合作。2017 年 7 月，另一家跨境电商企业网易考拉也加强了与捷克市场的互动。未来浙江与捷克在跨境电子商务领域的合作将会不断深化，会有更多的跨境电商平台企业、运营企业、技术、服务、物流等配套企业共同参与到浙江与捷克的跨境电商产业合作中，也必将会带动众多中小外贸企业扩大业务规模。

在互联网金融与移动支付领域，浙江是中国的排头兵，中国则是世界的引领者。目前，支付宝在捷克已接入约 40 家商家，主要分部在布拉格老城区，涵盖购物、餐饮、宾馆、博物馆、观光游览车等。其日均交易笔数从开通以来一直稳步上升，平均每笔交易金额达到约 1200 元人民币。2017 年 7 月蚂蚁金服再赴捷克考察，未来浙江与捷克在无现金社会的建设上将会有更多的合作。

在物联网和智慧城市领域，浙江省拥有 IHS 全球视频监控市场占有率前 2 位的杭州海康威视数字技术股份有限公司和浙江大华技术股份有限公司，拥有物联网系统和智能产品解决方案的优秀提供商如利尔达科技集团股份有限公司，拥有智慧城市、智慧园区解决方案和运营服务的优秀提供商如浙江正元智慧科技股份有限公司等。浙江与捷克在物联网与智慧城市领域的合作极富发展潜力，并且该领域核心企业的合作将带动上下游产业联动，产生带动效用。

展望浙捷经贸合作发展，双方政府的高度重视将为双方经贸往来提供稳定的政策保障；万向、万丰奥特、正泰等一批跨国企业的全球化运作将带动浙江与捷克在航空、汽车制造、机械、电子电气等先进制造行业的经贸合作，并以"走出去"带动"引进来"，惠及产业链上下游企业的发展；阿里巴巴、网易考拉、蚂蚁金服、海康威视、大华科技等一批新经济、新金融领域企业的发展壮大将不断拓宽浙江与捷克新的合作领域，可以推动"网上丝绸之路"建设，而且众多高新技术企业的介入，将带来具有"互联网+"时代特征的、以技术带动产品与服务的一揽子贸易投资合作创新模式；浙捷双方在教育、旅游、影视、娱乐、艺术等领域的人文交流也将带动双方服务贸易的发展。因此，在良好的政策环境与人文交流的基础上，亟需依托先进制造业与新经济、新金融领域的产业优势，设计、建设、实施好一批重点平台与项目。未来的浙捷经贸合作值得期待。

发展篇

浙捷合作的战略定位与重点领域分析

内容提要

◆ 战略定位

浙捷合作，发挥双方人文相亲、经贸互补、商路可通的合作优势，确认双方互为"一带一路"欧亚大陆桥建设的关键节点地位，通过共商、共建、共享"浙捷通道"，建设面向"一带一路"建设、具有"互联网+"先进特征的新开放经济平台，实现体系对接、要素集聚、价值创造、模式创新的功能目标。

◆ 合作框架设计

浙捷合作以沟通机制建设为保障，确保双方合作政策畅通。以"一带一路"捷克站、宁波和浦江两个境内国别产业合作园为抓手，开展平台建设；以"义新欧"中欧班列为纽带，推动双方贸易投资往来，确保双方合作设施联通。以航空、汽车、机械、电子电气等传统产业，中医、中餐等特色产业，跨境电子商务、互联网金融与移动支付、物联网与智慧城市等新兴产业"三线"支撑产业融合，促进浙捷双方贸易畅通、资金融通。以旅游、教育、影视、娱乐、体育等丰富的形式促进人文交流，推动双方民心相通。

◆ 重点领域分析

浙捷合作重点领域包括沟通机制建设、平台建设、产业融合及人文交流四方面。沟通机制建设是基础；平台建设主要包括"一带一路"捷克站、"义新欧"中欧班列、境内国别产业园等；产业融合主要涉及航空、汽车、电子电气等先进制造业，中医、中餐等特色产业，跨境电子商务领域，物联网产业，移动支付与互联网金融领域等；人文交流领域有望在教育、旅游、文化、体育、娱乐等领域加强合作。

浙江，历来具有勇于开拓、敢于创新的优良传统，是中国对外开放的排头兵，拥有特色鲜明的"浙江优势"。浙江体制机制灵活，民营经济发达，产业资本充裕，块状经济和专业市场富有竞争力，"浙商"遍布全球，拥有一批在世界范围内较有影响力的民营企业。2013年，中国提出"一带一路"倡议时，浙江恰逢新一轮对外开放提质增效新命题，因此，面向"一带一路"建设，探索浙江提升对外开放水平的路径成为新时期浙江开放经济发展的时代背景与核心要义。浙江与捷克在"一带一路"建设中的合作，就是浙江新一轮对外开放建设的重要内容，既是浙江与捷克现有产业对接融合的现实推进，更是"互联网+"时代浙江与捷克开放体系对接的战略思考，是反映"互联网+"开放性、包容性、生态性、利他性的时代特征的探索实践。因此，洞悉浙捷合作的战略定位，对双方合作框架开展前瞻性、系统性的设计具有重要的研究价值与现实意义。

一、战略定位

浙捷合作，发挥双方人文相亲、经贸互补、商路可通的合作优势，确认双方互为"一带一路"欧亚大陆桥建设的关键节点地位，通过共商、共建、共享"浙捷通道"，建设面向"一带一路"建设、具有"互联网+"先进特征的新开放经济平台，实现体系对接、要素集聚、价值创造、模式创新的功能目标（如图2-1所示）。

浙江与捷克通过通道共建、生态共生、辐射共赢，促进中欧经贸双向人流、物流、资金流、信息流、创新资源等向浙江与捷克集聚，并辐射周边区域，实现互联互通、共建共享。浙江可通过捷克"节点"贯通"浙捷通道"，依托"一带一路"捷克站平台，以"义新欧"中欧班列为纽带，实现块状经济、专业市场等传统优势在欧洲市场的价值创造；同时发挥浙江"互联网+"的新优势，推动跨境电子商务、互联网金融与移动支付、物联网与智慧城市等领域在欧洲市场的合作。在提升"一带一路"建设中浙江新一轮对外开放质量的同时，推动捷克成为"智慧浙江"展示中心、中欧经贸集聚中心、中欧"互联网+"经济中心。

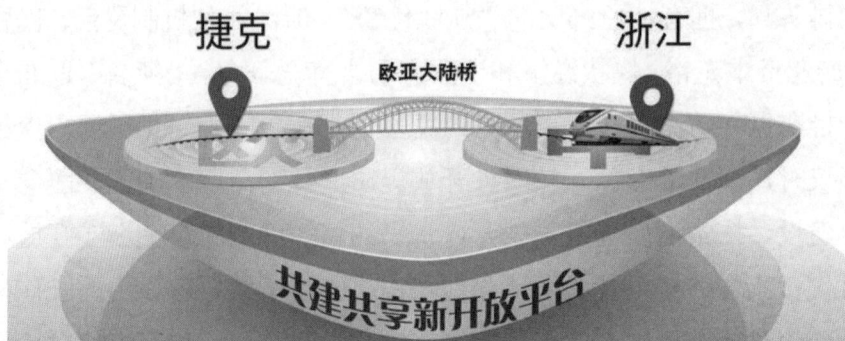

图 2-1　浙捷合作战略定位

二、合作框架设计

　　浙捷合作，是面向"一带一路"建设，以实现浙江与捷克开放经济体系对接为目标的全面合作、深度合作，需要具有战略性、前瞻性、全局性的顶层设计——既重现实利益考虑，又重长久人文交流；既重产业融合，又重沟通机制建设和平台载体建设；既基于浙江与捷克的合作现状，反映双方市场真实需求，又洞悉双方合作潜力，挖掘新兴优势领域。

（一）总体框架

　　浙捷合作以沟通机制建设为保障，确保双方合作政策沟通。以"一带一路"捷克站、宁波和浦江两个境内国别产业合作园为抓手，开展平台建设；以"义新欧"中欧班列为纽带，推动双方贸易投资往来，确保双方合作设施联通。以航空、汽车、机械、电子电气等传统产业，中医、中餐等特色产业，跨境电子商务、互联网金融与移动支付、物联网与智慧城市等新兴产业"三线"支撑产业融合，促进浙捷双方贸易畅通、资金融通。以旅游、教育、体育、影视、娱乐等丰富的形式促进人文交流，推动双方民心相通（如图 2-2 所示）。

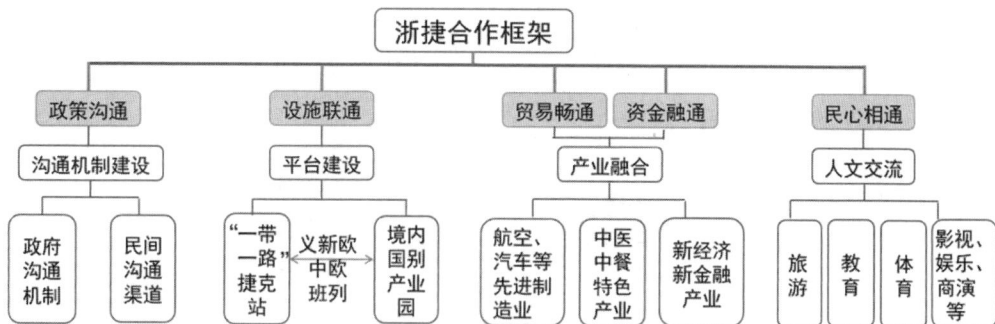

图 2-2　浙捷合作框架

（二）具体内容

1. 沟通机制是保障，构建覆盖政府、企业及各类社会组织机构的多层次、立体化沟通机制体系，推动双方政策沟通。

主动推进沟通机制建设，旨在确保沟通渠道畅通，推动浙捷双方有效、高效沟通。多层次、立体化的沟通机制体系应该至少包括 2 个层面 7 个主要方向的沟通渠道（如图 2-3 所示）。

政府层面，浙捷沟通机制可以从 3 个方向逐步推进：一是推进政府高层互访，明确双方合作意愿，沟通重点合作意向，解决关键问题；二是重点推进政府事务部门间对接沟通，深化联合工作小组工作机制，落实具体工作事项；三是搭建官方沟通平台，目前借助中国—中东欧投资贸易博览会、捷克—中国投资论坛等，浙捷双方沟通得到了实质性的推进。

民间层面，浙捷沟通机制可以充分发挥 4 类主体的作用：一是充分发挥浙江跨国企业的作用，促进市场主体间的务实交流与合作；二是充分发挥浙籍侨商的作用，推动双方经贸往来与人文交流；三是发挥行业协会、学会等各种民间组织机构的作用，加强具体领域内的有效沟通交流；四是发挥高校、科研院所等学术团体作用，加强教育合作与联合科研。

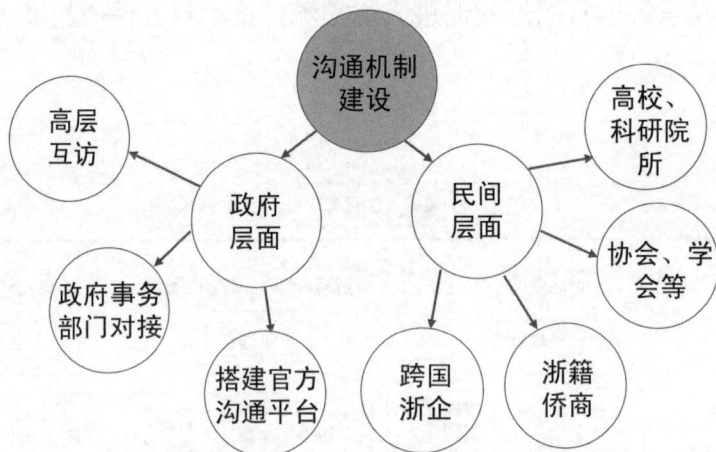

图 2-3　浙捷双方沟通机制

2. 平台建设是关键，以境内外产业合作园、交通运输设施等关键项目为抓手，促进双方设施联通。

平台项目是体系建设中的框架性支撑项目，在体系建设中主要发挥平台集聚、项目孵化、交流示范、连接纽带等作用。平台项目的选择对于体系的架构将起到关键的作用。浙捷合作重在以通道建设促进产业深度融合，发挥双方在中欧的地区节点作用，促进双方开放体系对接。因此，浙捷合作的平台选择应聚集产业融合的需要，辅以展示与人文交流的拓展功能。设施联通，首先要实现有形商品货物的集散、分拨、仓储等基础功能；现阶段，要与境内、外产业园相呼应，以交通运输设施联通为抓手推进浙捷合作平台建设，在平台运营过程中探索双方共商、共建、共享机制的创新。

3. 产业融合是核心，以先进制造业、特色产业、新经济与新金融产业"三线"为支撑，推动双方贸易畅通、资金融通。

浙捷产业合作是双方开放体系对接的基石。产业融合的深度与广度是浙捷双方经济相互依赖程度的体现，是产业匹配程度的体现，也是市场利益的真实体现。只有产业能够深度融合，双方开放经济体系才有可能对接。基于浙捷双方产业现状分析与市场发展研判，可知航空航天、汽车制造、机械、电子电气等先进制造业是浙捷产业合作的主要领域，中医、中餐行业是浙捷产业合作的特色领域，以互联网技术为支撑的新经济、新金融领域是浙捷产业合作的新兴领域，大有可为，潜力巨大。

推进浙捷产业合作，要坚持三项原则。

（1）要坚持政府引导、企业主体原则。

推进浙捷合作，忌战略冒进，要尊重市场规律，发挥企业的市场主体作用，大力支持和鼓励企业从自身需要出发，按照利益最大化原则，筛选最合适项目和最佳合作伙伴，发挥市场在资源配置中的主导地位。政府在这一过程中要做好引导与服务工作，创造良好的政策环境，帮助企业更好地拓展市场，实现发展。

（2）要坚持开放性原则，要在中欧合作的大格局中谋划浙捷合作，以确立浙捷在中欧合作中的节点地位为核心。

准确理解开放性原则对于促进浙捷深入、全面合作至关重要。开放性是"互联网+"的时代特征，通过平台建设、渠道建设，对具有利益相关性的各类主体形成一种集聚效应，从而实现利益共赢的生态圈。这一时代特征绝不仅仅局限于互联网产业的发展上，它是一种思维模式与行为方式的转变，是对"零和博弈"的一种挑战。坚持开放性原则推进浙捷合作，就是以互联网思维理解浙捷合作的格局与意义，要确立浙捷在中欧合作中的节点地位，建设"浙捷通道"，发挥其开放性平台的功能，吸引利益相关主体共同参与，形成浙捷主导、多方参与的利他共赢的开放性平台。因此，浙捷合作，"浙"不限于"浙江"，"捷"不限于"捷克"，浙捷合作是"一带一路"建设共商、共建、共享开放新平台的现实推进。

（3）要坚持先进性原则，产业合作要体现技术先进、理念先进、模式先进，注重培育新经济与新金融领域的合作。

浙江是中国的制造大省、制造强省，在先进制造业领域拥有如万向、万丰奥特、正泰等一批成功的企业集团。捷克是工业基础最雄厚的中东欧国家，在航空航天、汽车制造、机械、电子电气等领域拥有优势。因此，浙江与捷克在制造业领域的合作呈现出明显的技术先进性特征。此外，浙江还拥有如阿里巴巴、网易考拉、蚂蚁金服、海康威视、大华科技等一批新经济、新金融领域的知名企业，这些企业在基于大数据、云计算、AI 等技术的"互联网+产业"的革新中发展迅猛，在全球的影响力不断提升。这类企业的海外拓展具有明显"技术出海"的特征，而以技术带动产品、服务的一揽子贸易投资合作，将是未来浙捷产业合作的重要领域，应予以重点关注、积极推动。

先进制造业领域的合作，关键词是"技术+产业链"，以先进技术合作为核心，向产业链上下游延伸，"走出去"带动"引进来"，核心企业带动产业链上下游企业不断深化合作，形成产业链上下游联动的合作效应。

新经济与新金融领域的合作，关键词是"技术+商业模式"，以大数据及云计算技术为核心，结合人工智能、生物识别技术等不断拓展新经济与新金融的场景应用，让"互联网+"技术融入越来越多的产业，不断演绎"互联网+"时代共生共赢的商业模式创新。越来越多的拥有技术优势的企业从单一的技术解决方案提供者向系统集成商转变，随之基于商业模式的国际合作也日益增加。在未来的浙捷合作中，这种"技术+商业模式"形式的国际合作的重要性与影响力都将日益提高。

4. 人文交流是基础，创造丰富多彩、覆盖广泛的交流机会，增进了解，促进双方民心相通。

信任是双方合作的基石，信任源于了解。中捷关系转圜时间较短，双方仍缺乏深入了解，对彼此的认知、认同仍需不断加深。浙捷合作中，加强人文交流是基础性工作，可以增进了解，增强互信，夯实合作基础，促进民心相通，需要给予高度重视并予以持续关注。

加强浙捷人文交流，可以在旅游、教育、体育、艺术等多个领域开展形式多样的合作交流：可以发挥浙江与布拉格优质旅游资源的优势，开展旅游资源推介，扩大双向旅游规模；可以互派留学生、学者互访交流，开展教育、科研合作；可以发挥影视娱乐作品传播广泛的优势，加强浙捷在商业演出、影视娱乐等领域的合作；可以互派教练员，加强双方在优势体育项目上的合作，如浙江的乒乓球、羽毛球、游泳等优势项目，捷克的冰球项目上的合作。

5. 体系对接是目标，以建设面向"一带一路"欧亚大陆桥的"浙捷通道"为路径，实现浙捷开放经济体系的内生联动，推动双方全面合作、深度合作。

浙捷合作并不是单纯产业层面的合作，而是"互联网+"时代双方新型合作模式的实践探索，是"一带一路"共建、共享开放平台建设的改革创新。浙捷合作基于却不限于传统的贸易、投资、人文交流等领域的具体合作，浙捷合作是要建立以浙江、捷克为双向节点，连接中间覆盖区域，辐射节点周边国家地区，体现"互联网+"经济新要求，面向"一带一路"建设的开放平台。在建设过程中，要探讨如何继续发挥浙江要素集聚的优势，整合国内各省市"一带一路"建设资源参与"浙捷通道"建设，使其成为服务于国内各省市"一带一路"建设的优质载体，发挥浙江在中国市场中的节点辐射作用；要分析研究捷方的发展诉求，探讨如何激发捷方的共建热情，发挥捷克作为欧洲桥头堡的作用，使捷克在中欧合作的创新资源集聚、产业链布局等方面发挥更重要的作用。浙捷合作构建节点—通道的合作模式将为国际优质资源要素向节点区域集聚提供鲜活案例，为浙捷之间的区域经济体参与"一带一路"建设提供新的平台机遇，为中欧两个大市场合作提供新的通道载体，对中欧新开放经济体系建设做出积极的探索。

三、重点领域分析

（一）沟通机制建设

目前，浙江—捷克联合工作小组工作机制已正式确立，浙江省政府与捷克州长协会、工贸部已签署合作备忘录，浙捷双方利用中国—中东欧投资贸易博览会开展的合作发展论坛、城市市长峰会、质检合作对话会、海关合作论坛等项目已积极开展政府事务领域的沟通对话。企业、协会学会等组织机构、高校与科研院所等各类主体间的合作也呈现出百花齐放的局面，多层次、立体化的双方沟通机制正在逐渐形成。在后续的推进建设中，需要关注五个主要方面。

第一，要深化联合工作小组工作机制，力争实现联合工作小组常态化工作机制。

第二，要继续推动双方互访，增强交流沟通，尤其是高层互访，这将有助于就重大事项进行充分沟通。

第三，要重点推进政府事务部门间的合作机制建设，如商务、海关、商检、科技、教育、旅游、文化等相应政府部门的合作，签署合作备忘录，建立沟通机制，加强事务对接。

第四，要注重发挥民间沟通渠道的作用，发挥浙捷双方大型跨国公司、浙籍华侨的力量，加强民间沟通，增强务实合作。

第五，要注重发挥大型平台活动的载体功能，如中国—中东欧博览会、捷克—中国投资论坛等有助于高效推进多领域的沟通交流。

（二）平台建设

1.“一带一路”捷克站

“一带一路”捷克站建设项目是浙江省在 2017 年捷克—中国投资论坛上提出的浙捷合作重点建设项目，得到了捷方的热烈回应。“一带一路”捷克站是一个综合系统工程，以“中心、中枢、中转”为功能定位，浙捷双方紧密合作构筑“一带一路”产业生态链，打造集中欧班列、物流分拨、生产加工、跨境电商、展示交流、人文合作等多种功能于一体的开放综合体，设计如商贸物流园、捷克海外仓跨境电商基地、生产加工基地等具体项目载体，旨在将其建设成中国与欧洲全方位合作的示范项目、浙江与欧洲双向开放的重要平台。

初期阶段，“一带一路”捷克站建设项目将围绕商贸物流基础功能展开，以“义新欧”中欧班列为纽带，以覆盖欧洲市场的智能化、信息化的现代物流服务体系建设为核心，提供中欧商品集散、仓储、分拨、短驳、运输、售后服务等多种服务，使捷克站成为中欧双向贸易商品的集散中心、仓储物流中心、共享服务中心。捷克站初期建设阶段以商贸物流功能建设为主，这将充分发挥捷克的地理位置及基础设施优势。事实上，捷克布拉格及其周边地区已经成为全球跨境电商供应链的热点区域，跨境电商巨头亚马逊已经在捷克建立了仓储物流中心和退货中心，其在布拉格的物流中心单体面积达 20 万平方米。中国的跨境电商、物流企业已采取行动，如中国的递四方物流公司在布拉格市西南区域投资自建了 6.86 万平方米的仓储物流中心，并于 2017 年年底投入使用。圆通速递在积极谋划其欧洲智能物流体系的建设。部分中国电商企业也在布拉格布点设立海外仓。因此，在"一带一路"捷克站的建设过程中，要注意将商贸物流园硬件建设与物流服务体系建设相结合，要注意整合捷克乃至欧洲已有物流快递网络，以捷克站为中心，建设智能化、信息化的现代物流服务体系，提供集散、仓储、物流、售后等增值服务，并在此基础上拓展捷克站生产加工、跨境电商及其他服务功能，将其打造为浙捷合作的综合性项目平台。

2. "义新欧"中欧班列

"义新欧"中欧班列是指由浙江义乌出发，经新疆阿拉山口出境，开往欧洲市场的铁路运输线路。"义新欧"中欧班列于 2013 年 4 月 23 日开通，由义乌市天盟实业投资有限公司运营，目前已开通运营铁海联运、义乌至中亚五国、西班牙、伊朗、俄罗斯、阿富汗、白俄罗斯、拉脱维亚八条线路班列。2017 年 7 月，义乌开通至捷克的铁路线，义乌—布拉格班列首发，"义新欧"班列增至九条线路。同时，义乌作为全国八个铁路首发站点之一，已被列入国家发改委《中欧班列建设发展规划（2016—2020）》之中。2017 年"义新欧"班列共运行 168 班次，同比增长 84.3%。自 2017 年 3 月 1 日起，"义新欧"班列实现每周一列回程的频次，回程班列平均货值达到每货柜 10 万美元左右。

助力"一带一路"捷克站建设，"义新欧"班列要发挥其运输纽带作用，在干线运输上提高其运输能力与运营效益，在支线运输上要联合物流提供商，共同建设物流服务网络。现阶段，"义新欧"班列在设施建设中主要解决现有班列终点城市车站硬件设施无法满足"义新欧"及其他中欧班列发展的需要。现有中欧班列多以西欧国家枢纽城市为终点，如德国的杜伊斯堡。但目前，这类枢纽城市的车站承载量已近饱和，而且中欧班列在运营过程中受当地铁路运营管理的限制相对较多，缺乏主动权。如果能够依托"一带一路"捷克站的建设，以捷克为中心，建设具有铁轨、吊装设备及堆场仓储场所的中欧班列专用线，将会增加运营过程中的主导性，同时，也可以服务于其他中欧班列，更好地发挥中欧班列铁路运输的干线运输作用，统筹仓储物流中心的支线分拨、配送等作用，共同支撑捷克站仓储物流中心的功能定位。

3. 境内国别产业园

目前，浙江省内面向捷克的国别产业园包括中捷（宁波）产业合作园和中捷（浦江）水晶产业合作园两家。

（1）中捷（宁波）产业合作园

2016 年 6 月 19 日，浙江省政府与捷克工贸部签订经贸合作备忘录，明确支持中捷（宁波）产业合作园建设项目。该合作园规划总面积约为 35 平方千米，委托全球知名规划咨询机构——美国艾奕康（AECOM）公司制订合作园总体规划及城市设计，将其定位为综合性国际产业合作园，内容涵盖产业基地、商务平台、交流桥梁等多个领域，旨在将其打造成国家"一带一路"战略重要支点、国际区域合作示范平台。

目前，产业园已出台专项招商政策，通过土地优惠、租赁补贴、融资贴息、设备补助等一系列优惠条件，加大合作园招商政策的吸引力；已在合作园设立保税仓，正在申请设立国际邮件交换局，提供更好的贸易便利化条件。2017 年 5 月，该合作园在捷克设立了招商办事处，派遣了首批驻点招商人员，聘请了捷克招商代理，还充分发挥了境外招商办事处、招商代理的桥梁作用，加强与当地社会各界沟通联络，做好合作园的招商引资工作，吸引捷克具有竞争力的合作项目落户该合作园。2017 年 10 月，浙江省人民政府办公厅同意设立浙江中捷（宁波）产业合作园。2018 年 1 月 29 日，产业园正式挂牌并举行重大项目签约仪式。

中捷（宁波）国际产业合作园作为产业基地，将重点引进捷克汽车及零部件、机械设备、电气、通航、新材料、生物技术等优势产业项目，同时鼓励本地实力企业到捷克及周边中东欧国家投资项目、开拓市场。作为商务平台，该合作园重点培育面向中东欧及周边国家的跨境商贸业，发展展示展销、产品体验、广告营销、物流配送、信息咨询等业务，以及保税仓储、报关商检、财会法务等配套服务产业链，通过贸易先行带动产业投资。作为交流桥梁，将依托周边机场开通捷克直达航线，通过跨境旅游合作、艺术文化交流、国际合作办学等多种渠道途径，增进人文互通推动贸易投资。

(2) 中捷（浦江）水晶产业合作园

2016 年 10 月 16 日，在第八届晶博会开幕式上，副省长梁黎明正式为中捷（浦江）水晶产业合作园授牌。水晶产业合作园首期规划面积为 850 亩左右。产业园以建设"中国乃至世界的水晶产销中心"为目标，一期将建设小镇客厅、捷克风情街、研发基地、大企业总部、营销中心、水晶会展中心、水晶酒店、众创空间等众多项目，将众创、创新、设计、研发、展示、推广、销售、金融、上下游产业等产业转型升级要素合理布局，形成完整的产业生态链，打造集水晶产品设计研发、生产制造、工业旅游、产品体验等多种业态于一体的产业综合体。

2016 年 8 月，水晶产业园聘请捷克前总理、新丝路基础设施建设与技术协会会长彼得·内恰斯为产业合作园高级顾问。2016 年 10 月 2 日，金华市人民政府与中国华信能源有限公司签署战略合作框架协议。2017 年 4 月 26 日，浦江县人民政府与中国华信能源有限公司签署了浦江水晶小镇战略合作投资协议与专项产业基金投资协议。中国华信能源有限公司全面介入浦江水晶小镇（中捷产业合作园）建设，实施统筹投资开发建设。双方共同募集 100 亿元基金，组建华信（浦江）水晶小镇投资开发有限公司，同时设立中外合资（合作）企业，开展包括生产基地、销售中心等水晶产业项目建设，引进行业标杆企业落户浦江，培育浦江水晶企业，使其发展壮大。通过中国华信欧洲第二总部影响力引进知名水晶品牌入驻中捷产业园，一批水晶生产、销售合作项目正在洽谈之中，中国华信将在产业园内设立水晶产品营销总部。捷克皇家玻璃艺术学院将入驻中捷（浦江）水晶产业合作园，设立分院，开展水晶技工联合培训。

（三）产业融合

1. 航空、汽车、机械、电子电气等先进制造业

捷克是欧洲传统工业强国，在机械制造、航空技术和服务、汽车、化工、环保能源等领域拥有世界先进技术。汽车行业是捷克的支柱型产业，占捷克工业总产值的 1/4。目前，世界汽车行业中最重要的 100 家企业中有超过 40 家在捷投资设立分支机构。航空业是捷克重要的传统工业行业之一，拥有世

界先进的技术，以生产民用、运动和私人小型飞机为主，拥有完全知识产权，是欧洲仅次于德国的最大的超轻型飞机生产国，产品80%以上出口到欧盟国家。目前捷克主要有7家飞机制造企业，其中沃赫迪（Aero Vodochody）公司是世界上最大的喷气式教练机生产商。捷克的电子电气工业具有高附加值、低能耗和低环保负担等优点，主要集中在强电流电气技术、计算机技术、影音设备和电子元件、仪器和自动化设备等行业。

浙江是中国的制造大省、制造强省。近年来，为贯彻落实《中国制造2025浙江行动纲要》精神，浙江省大力推进高端装备制造业（智能制造）发展，期间涌现出一批航空、汽车、机械、电子电气等领域的优秀企业。因此，浙江与捷克应发挥比较优势，开展国际产能合作，推动"中国制造2025"与"捷克工业4.0"的有效对接。在先进制造业领域，浙捷互补性强，可以鼓励浙捷企业开展产业合作，充分利用捷克政府的外资鼓励政策，促进浙捷在先进制造业领域开展技术交流，细化产业分工，强化营销网络共享，实现产业链全面融合、深度融合。

2. 中医、中餐等特色产业

中国文化源远流长，传统医学和饮食更是承载了中华民族的传统文化精粹。"一带一路"倡议下，浙江可以与捷克加强以中医药学和中华饮食等为代表的特色产业合作，拉近浙捷人民的文化与心理距离。

近年来，越来越多的欧洲人对中医药表现出浓厚兴趣，对中医治疗理念的理解也日益加深。中欧在中医药学领域正在从过去的了解沟通层面转向操作层面的实质性合作。2015年6月，捷克赫拉德茨-克拉洛维州立医院中医中心成立，这是中东欧地区首家由两国政府支持设立的中医机构。捷克政府将中医纳入捷克全民医保，进一步推动了中医在捷克的发展。浙江中医药大学与捷克西波希米亚大学签署合作协议，在中医药教育、医疗及科研等领域开展紧密合作，推动双方师生互动交流。目前捷克已有近百家中医诊所，主要提供针灸、按摩等康复性治疗，在治疗慢性病及不孕症方面拥有良好的口碑。

浙江可以浙江大学医学院、浙江中医药大学、温州医科大学等一批一流医学院，及众多甲级中医医疗机构为基础，加强与捷克在中医药领域的合作，推动传统医学走进捷克，为捷克民众提供传统医学诊疗保健服务，推动中国中医师在捷克执业资格合法化以及中药在捷克合法化的工作，逐步解决中医药海外发展的学历认可、执业资格、药品注册、开业权、保险资格、知识产权保护等一系列法律法规和政策管理问题。

美食是全世界共同的语言，也是各国文化交流、友好往来的纽带。浙江可以"食"为媒，发挥浙籍侨商在捷克高端餐饮业的优势地位，确立中餐在捷克的市场定位，发展高端餐饮业，形成高档化、品牌化、规模化、连锁化、专业化的经营模式，推动中餐文化走出去，让捷克民众了解博大精深的中华饮食文化乃至中华文化。

3. 跨境电子商务领域

浙江坐拥杭州、宁波两个国家级跨境电子商务综合试验区，拥有良好的跨境电子商务市场氛围，以阿里巴巴为龙头，吸引了如敦煌网、大龙网、网易考拉、京东全球购等一批跨境电商龙头企业落户浙江。近年来，浙江跨境电子商务贸易规模增长迅速，贸易主体日益增加，物流、融资、通关、退税等配套服务体系日益完善，"单一窗口"综合服务平台初步建成，浙江跨境电子商务取得了长足发展，在中国乃至世界范围内都形成了一定的影响力。跨境电子商务也因此成为浙江与捷克未来经贸合作中极富潜力的领域。

未来，浙江与捷克可以在跨境贸易、跨境支付、跨境物流与其他配套服务四方面深化合作（如图 2-4 所示）。

图 2-4 浙捷跨境电子商务合作领域

（1）跨境贸易以跨境 B2C 业务为突破口，逐步发展至跨境 B2C 与 B2B 并重。

借助天猫国际、网易考拉、京东全球购等跨境电子商务平台，实现浙捷跨境 B2C 业务，尤其在跨境 B2C 进口业务领域的突破，以此来增强双方市场认知，扩大贸易规模，增加消费品贸易规模，平衡贸易结构。在此基础上，进一步推动双方跨境 B2B 业务合作，密切产业链合作，推动双方产业融合，更好地发挥跨境电商对双方贸易、投资的促进作用（如图 2-5 所示）。

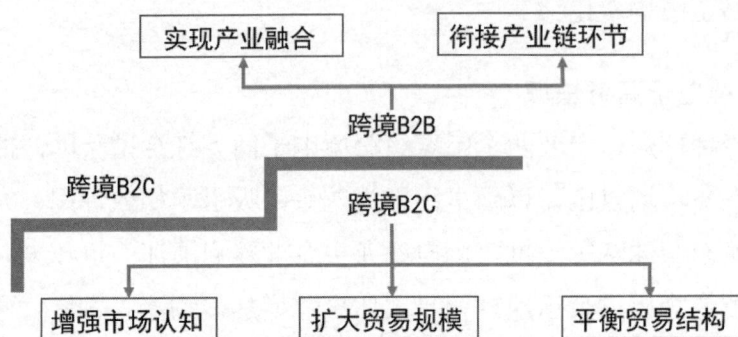

```
┌────────────┐        ┌────────────┐
│ 实现产业融合 │        │ 衔接产业链环节 │
└────────────┘        └────────────┘
        ↑                    ↑
              跨境B2B
                          ┌──────────────
          ────────────────┤
跨境B2C                    跨境B2C
                          ↓
┌────────────┐  ┌────────────┐  ┌────────────┐
│ 增强市场认知 │  │ 扩大贸易规模 │  │ 平衡贸易结构 │
└────────────┘  └────────────┘  └────────────┘
```

图 2-5　跨境贸易拓展路径

（2）跨境支付不仅服务于跨境贸易，它可附加更多的拓展功能。

目前，涉及新型跨境支付方式的跨境贸易主要集中在跨境 B2C 领域。消费者往往通过第三方支付平台完成货款支付，移动支付因此获得了长足发展。移动支付生来具有"互联网+"特征，可与多种场景相结合，从而拓展出巨大的发展空间。现阶段，这一领域的合作存在现实的困难，如欧洲消费者的支付行为习惯、中欧金融体系、金融安全担忧等，但若能以捷克为突破口，实现浙捷在移动支付领域的广泛合作，中欧在跨境支付领域的合作则大有可为。

（3）跨境物流要以共建覆盖欧亚的智能物流体系为目标，整合现有资源。

以"义新欧"中欧班列连接中国境内发达的物流体系，以"一带一路"捷克站商贸物流园为枢纽，重点集聚、整合两方面物流资源：一方面是中国各类企业在捷克及其周边国家和地区建立的海外仓资源及物流网络资源；另一方面是积极借助捷克当地的物流资源，并以此连接欧盟及欧洲市场的物流网络。发挥捷克站开放平台的作用，吸纳多方参与，集聚、整合资源，共建、共享覆盖欧亚、服务多方的智慧物流体系。

（4）跨境电商配套服务体系合作有望在企业融资、知识产权保护、售后服务等方面做出尝试。

跨境电商生态圈包括跨境电商平台企业，运营企业，支付、技术、服务、物流等配套企业等多类主体，鼓励浙捷的移动支付企业、技术解决方案提供商、外贸综合服务类企业等为对方企业提供对等服务，这对促进双方跨境电商合作意义重大。

4. 物联网产业

"物联网"被称为继计算机和互联网之后的第三次信息技术革命，根据美国研究机构 Forrester 预测，物联网所带来的产业价值将比互联网大 30 倍，物联网将成为下一个万亿元级别的信息产业。目前，物联网技术的研发和应用主要集中在美国、欧洲、日本、韩国、中国等少数国家和地区。

物联网的产业链包括感知层、网络层和应用层三级，主要应用于智能工业、智能农业、智能物流、智能交通、智能电网、智能环保、智能安防、智能医疗和智能家居九大应用领域。浙江在智能安防、智能电网、智能物流、智能家居等领域的感知层及应用层均拥有一定的优势。在智能安防领域，浙江拥有 iHS 全球视频监控市场占有率前两位的杭州海康威视数字技术股份有限公司和大华技术股份有限公司；在智能电网领域，浙江拥有在智能电表行业全国排名第一的杭州炬华科技有限公司。此外，浙江还拥有物联网系统和智能产品解决方案的优秀提供商如利尔达科技集团股份有限公司，智慧城市、智慧园区解决方案和运营服务的优秀提供商如浙江正元智慧科技股份有限公司等。浙江的物联网产业发展在中国处于领先水平，与捷克合作有着广阔的空间。

浙江可以依托智慧城市载体，在物联网领域与捷克展开广泛合作，合作可以分成三阶段进行：

初级阶段，中方提供物联网硬件设备 OEM、ODM 的生产制造，如智能电表、智能水表、智能燃气表等智能仪器，视频监控设备及传感器等产品。

中级阶段，通过整合外部资源以终端集成设备提供商、通信设备集成商、通信服务商、系统服务提供商等角色成为物联网具体项目的分模块集成商。

高级阶段，以系统集成商身份成为物联网项目的系统设计者、技术解决方案提供者、服务提供者、终端设备提供者，同时，能够参与物联标准的制订与实施。

5. 移动支付与互联网金融领域

在移动支付与互联网金融领域，浙江是中国的排头兵，中国则是世界的领跑者。蚂蚁金服的支付宝和腾讯的财付通是这一领域的佼佼者。蚂蚁金服于2014年成立，目前估值已接近700亿美元，成为全世界最值钱的非上市科技公司，荣登《麻省理工科技评论》评选的"2017年度全球50大最聪明公司"榜单，腾讯也同时位列其中。目前，在欧美、东南亚等国家和地区，支付宝已接入了12万多家海外线下商户，支持19种货币结算。腾讯的微信支付也已登陆10多个国家及地区，覆盖逾13万家境外商户，支持10多种外币直接结算。随着出国游玩的人数日益增加，中国移动支付企业走向世界的步伐也日益加快，在为中国游客海外消费提供便利的同时，也使普惠金融惠及多国民众。

目前，浙江与捷克在移动支付与互联网金融领域的合作还处于初级阶段，未来仍有广阔的市场空间待挖掘。现阶段，浙江移动支付企业在捷克开拓市场选择的突破口是日益激增的中国游客，以服务中国游客"出境游"为着力点，向捷克商家推广移动支付服务，并通过合作商家的改变来增强捷克市场对移动支付的认知。目前，在捷克支付宝选择布拉格老城区的约40家商家接入移动支付，支付场景涵盖购物、餐饮、宾馆、博物馆、观光游览车等。2017年7月，蚂蚁金服再赴捷克考察，希望在捷克进一步开展出境游业务，和当地商户一起服务好中国游客，并且通过支付宝平台，为捷克商户提供更全面的服务，让他们更了解中国游客的需求，吸引更多的中国游客。未来，浙江与捷克在移动支付与互联网金融领域的合作将有望继续深入，市场时机成熟时，可开展战略投资，采用技术和商业模式打包出海的方式，入股并扶持捷克本土移动支付企业，在捷克推广移动支付及其衍生服务。

（四）人文交流

1. 教育合作

推进国际教育合作是"一带一路"倡议的重要组成部分，也是实现高等教育国际化的重要途径。浙江拥有以浙江大学、浙江工业大学、浙江师范大学、浙江工商大学等为代表的综合性院校，以浙江中医药大学、温州医科大学等为代表的专业特色明显的高等院校和以浙江金融职业学院、宁波职业技术学院、金华职业技术学院等为代表的高职院校的优质教育资源，在信息通信、电子电气、航空航天、机械制造、建筑、中医中药及国际贸易、跨境电商、互联网金融、国际商务等领域具有明显的学科优势。捷克亦有顶尖的大学资源，其中人文社科领域专业名列前茅，浙捷教育合作空间大，有潜力。

当前，捷克的产业结构特征使得当地政府非常重视职业教育。目前捷克的职业技术人才严重缺乏，到 2030 年将有 40 万技术工人缺口。因此浙捷教育互补性强，合作空间大。未来，浙捷双方可以职业教育为突破口，加强语言教学、职业教育、人文艺术、校园文体方面的合作，进一步探索合作研究和合作办学新模式。一方面推动更多浙江高校和符合要求的浙江企业前往捷克办学，另一方面也帮助捷克培养拥有国际视野、中国经验的复合型人才，以此来实现互学互鉴、互利共赢。职业教育领域的合作也将推动浙捷产业融合向上游延伸，共同开展人才培养。

2. 旅游

旅游交流作为"一带一路"倡议下人文交往的重要内容，有利于实现人心相通的目标，为双方政治互信、经贸往来营造良好的环境，也将是浙捷交往中一个全新的增长点。捷克位于中欧地区，拥有丰富的人文和自然条件，是中国—中东欧旅游合作的重点国家之一，其中布拉格是全世界唯一的一个整座城市都被认定为世界文化遗产的城市。中国是世界第一大旅游客源国、世界第一大出境旅游消费国。浙江作为旅游大省，拥有西湖、大运河等世界文化遗产，省会杭州居 2016 年出境旅游出发城市排行榜（以人次数为考评标准）第 5 位，仅次于沪、京、深、广。因此浙捷旅游合作前景广阔，潜力巨大。在未来，浙捷双方可就进一步推进便利游客互访签证、增加直航航班航线、加强双向旅游宣传推广，统筹地方间旅游合作，开展深入探讨、务实合作，共同搭建旅游产业交流平台，促进双方民间人文交流和"民心相通"。

3. 文化、体育、娱乐领域

两地交流在于民之相亲，文化、体育、娱乐等方面的交流合作。丰富浙捷关系人文内涵，是浙捷建立互联互通、共享共赢合作关系的重要基础。捷克在文学、音乐、文化、体育等方面的成就被世人称道，著名音乐家德沃夏克、斯美塔那，文学家卡夫卡、米兰·昆德拉是捷克音乐、文学领域的代表人物。捷克的体育产业也相当发达，尤其是捷克的冰球运动处于世界领先水平，以球艺精湛、战术灵活和作风顽强著称于世界冰坛，被视为国球。浙江，也是一个充满人文艺术气息的大省，古代有黄宗羲、陆游、宋濂、骆宾王等著名文学大师，近现代有鲁迅、朱自清、茅盾、巴金、徐志摩、王国维等名誉中外的大家，他们学识渊博，思想深邃，著作宏富。

以"一带一路"倡议和"16+1"机制为纽带，依托浙捷的人文资源，浙江和捷克可以在影视娱乐领域开展深度合作，将浙商精神、中国精神传播到欧洲，同时也将捷克的人文情怀分享给更多的浙江人和中国人；在体育领域，可以充分整合捷克冰球和足球、浙江羽毛球和乒乓球等优势体育产业，从青少年培训、赛事组织、人才交流等方面加强体育产业的交流与合作对接。

浙捷合作在政府的积极推动与引导下，充分发挥企业等市场主体的作用，通过"一带一路"捷克站等标杆项目的统领，提高浙江与捷克贸易往来的设施联通程度，发展商贸物流等综合服务功能，保障双方贸易畅通，推动浙江与捷克之间的产业对接、资本融通，依托先进制造业、特色产业、新经济与新金融产业领域的合作优势，确立浙江与捷克在"一带一路"欧亚大陆桥中的"节点"地位，浙捷"共商、共建、共享"符合"一带一路"精神的合作共赢的开放平台所确立的理念。

案例篇

三个典型案例分析

内容提要

◆ 贸易促投资：杭州炬华科技股份有限公司案例

作为全国智能电表研发、生产的龙头企业，杭州炬华科技股份有限公司以 42 万美元并购其贸易伙伴捷克 Logarex 智能电表公司，以自身技术优势、生产制造优势助推 Logarex 扩大欧洲市场业务，并通过 Logarex 的客户——德国最大的电气公司 Eon 集团参与到德国国家智能电网改造中。炬华科技以"四两拨千斤"之势巧妙拓展欧洲市场，生动演绎了"贸易促投资"的企业海外发展之路。

◆ "走出去"带动"引进来"：万丰奥特控股集团案例

万丰奥特集团聚焦通航产业，发挥捷克在欧洲的"桥头堡"作用，开展系列并购活动，并将捷克在飞机研发、设计、核心零部件生产、整机生产等方面的先进技术引进国内，落户新昌万丰航空小镇。万丰集团"走出去"带动"引进来"，于企业来讲，其实质是万丰集团进行通航产业的全球价值链布局，是万丰集团全球集聚优质资源禀赋的有心之作；于行业来讲，则是以资本为链，推动浙江与捷克产业深度融合的现实版演绎。

◆ 移动支付——中国新名片：蚂蚁金服公司案例

移动支付是目前中国少有的整体对外进行技术和模式输出的产业，蚂蚁金服是其中的佼佼者。蚂蚁金服通过"出海造船"的全球化新模式，在包括捷克在内的欧洲市场大力推广跨境线下支付，向印度、韩国、泰国、菲律宾、印度尼西亚等国输出技术和商业模式，将开放、共享的信用体系和金融服务平台模式推广到"一带一路"沿线国家。移动支付是中国在国际舞台上的一张"新名片"，浙江也将在其中发挥更大的作用。

案例一 贸易促投资：杭州炬华科技股份有限公司案例

浙江智能表计龙头技术出海之路

（一）企业简介

杭州炬华科技股份有限公司（以下简称"炬华科技"）成立于 2006 年，前身是杭州正华电子科技有限公司（成立于 2001 年），是一家专业从事能源计量仪表和能耗信息采集系统产品研发、生产与销售的高新技术企业。公司产品主要包括智能电能表，电子式电能表，用电信息采集系统产品，国际 IEC、ANSI 标准智能电能表、电子式电能表等系列电能计量产品及其软件、配件等，产品与服务广泛应用于电力、水务、燃气、热力等能源供应行业。炬华科技是国内能源计量仪表行业最具技术影响力和发展潜力的公司之一，2011 年至 2014 年连续四年入选"《福布斯》中国最具潜力企业榜"，2014 年在深圳证券交易所创业板上市，成功登陆资本市场，2015 年荣获"《福布斯》最具潜力上市公司第 35 名"。

（二）发展历程：从 ODM 到系统集成服务商的转型

从 2001 年至今，炬华科技始终以技术为核心，紧抓产品方案设计的技术制高点，实现了 ODM——自主品牌发展——标准化技术服务提供——个性化技术服务定制——系统集成供应的成功转型。炬华科技的发展历程如图 3-1 所示。

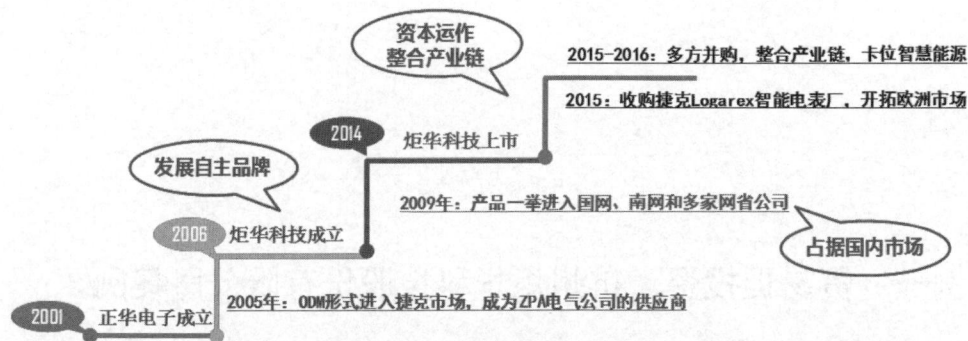

图 3-1　炬华科技发展历程

（注：更多企业信息可参见炬华科技官网 http://www.sunrisemeter.com）

2015 年起，炬华科技敏锐捕捉市场机遇，确定智慧能源领域为企业未来发展的战略重点。为此，炬华科技发起多起并购，迅速整合产业链：成立炬能售电，抢滩售电市场；收购纳宇电气，参股杭州经纬信息技术，打造用电信息采集到综合能源管理的完整闭环；收购炬源智能，推动"四表合一"，拓展公共能源计量业务；成立"炬华联创产业基金"，资本运作布局智慧能源，实现水、电、气、热等多种能源系统和设备接入以及能耗数据的实时采集、传输、储存与分析。

（三）对捷业务现状

捷克市场在炬华科技开拓欧洲市场的进程中发挥了桥头堡的作用。

2005 年，炬华科技的前身正华电子以 ODM 形式进入捷克市场，成为捷克最大的电气公司 ZPA 电气公司的终端设备供应商。

2006 年，炬华科技成立，开始发展自有品牌，并与 ZPA 电气公司保持稳定的贸易合作关系。

2009 年，炬华科技的产品一举进入中国国家电网公司、南方电网公司及多家电力网省公司，迅速占领国内市场。

2011 年，捷克 Logarex 智能电表公司（以下简称 Logarex 公司）成立，主要从事能源领域的测量及数据处理和传输工具（尤其是电表）的研发、生产和销售，炬华科技是其主要供货商。

2014年，炬华科技上市，开始资本运作，拓展国际市场。

2015年9月18日经商务部核准，炬华科技投资42万美元收购捷克考诺尔集团（Koh-i-noor）旗下Logarex公司100%的股权。收购完成后，Logarex公司成为炬华科技的全资子公司。

炬华科技开拓欧洲市场采用了"贸易先行、投资跟进"的路径，通过出口贸易完成了对捷克市场需求的判断，积累了市场资源，利用恰当的时机采取资本并购的方式完成了对 Logarex 公司的收购。收购后，炬华科技以其技术优势与制造能力支持Logarex公司在欧洲市场开拓业务，不到两年的时间，Logarex 公司业务规模迅速增长，开发了如德国最大电力公司 Eon 集团等优质客户，并通过 Eon 集团的影响力参与到德国国家智能电网改造的工作中。以 Logarex 公司为支点，炬华科技巧妙地打开了欧洲市场，使其贸易规模不断扩大，成为浙江向捷克出口的主力军之一。2017年炬华科技向捷克出口金额达1169.09万美元，居全省第2位。炬华科技收购Logarex公司的案例也成为浙江与捷克经贸合作领域贸易促投资的典型案例（如图3-2所示）。

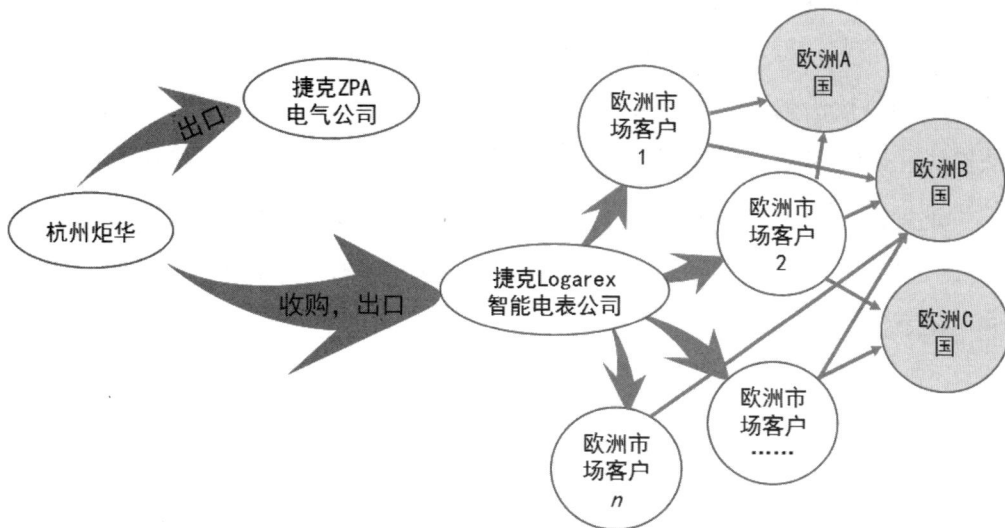

图3-2　炬华科技开拓捷克及欧洲市场路径图

（四）海外拓展策略分析

在海外拓展策略上，炬华科技依托长期服务于海外市场电力客户形成的技术创新优势和一体化系统解决方案的能力，以捷克为桥头堡，采取本土化战略，深耕细作，进军欧洲市场；借力"一带一路"，布局海外版图，提升系统集成服务能力。

在欧洲市场，炬华科技收购 Logarex 公司，产生了四两拨千斤的市场效应。以 Logarex 为战略支点，整合炬华科技的技术优势、生产制造优势、Logarex 的营销团队优势及本土化优势，增强 Logarex 在欧洲市场的竞争力，不断培育壮大其欧洲客户网络，悄然实现了炬华科技拓展欧洲市场的发展战略。未来，炬华科技将紧抓全球智能电网建设、节能与新能源产业发展机遇，积极布局国际智慧计量和采集系统（AMI）市场，不断提升炬华科技在智能计量领域的系统集成能力，使炬华科技在欧洲市场上从智能计量终端设备提供商不断向系统集成商攀升。

相比欧洲市场，在东南亚及非洲地区，炬华科技有望以系统集成商的身份直接参与当地市场的开发。东南亚及非洲地区当地电网建设基础相对薄弱，各国的电力建设需求巨大，本土电力企业技术相对落后，供应能力有限，进口依赖度高，这为我国电力设备企业开拓海外市场业务提供了市场机遇。炬华科技借力"一带一路"，凭借自身在终端设备制造环节及整体技术解决能力上的优势，面向具有一定市场基础的孟加拉、菲律宾、厄瓜多尔、吉尔吉斯斯坦等国，开展投资、技术、装备、设计、施工全方位"走出去"的国际产能合作模式，进一步拓展海外版图。炬华科技的全球化发展脚步扎实而坚定。

案例二 "走出去"带动"引进来"：万丰奥特控股集团案例

游走浙捷布局产业链，推动产业深度融合

（一）企业简介

万丰奥特控股集团（以下简称"万丰集团"）是一家以先进制造业为核心的国际化企业集团，涉足汽车部件、航空工业、智能装备、金融投资等领域。万丰集团的前身是成立于 1994 年的浙江万丰铝轮有限公司，专注汽车铝轮产品生产。20 多年的发展过程中，万丰集团始终坚持精准的产业定位，坚持实业立本、创新发展；建设新昌智慧工厂和嵊州高端装备园，打造国际先进制造业的经典样板；铝轮毂和镁合金产业实现行业全球领跑；环保涂覆和智能机器人产业实现行业国内领跑；通航产业通过与国际高端飞机制造公司开展战略合作，迅速发展，已拥有制造具有完全自主知识产权飞机整机的能力。万丰集团计划"十三五"期间在汽车零部件产业（成熟产业）、工业机器人产业（成长产业）、航空工业（新兴产业）三大产业投入 3 个 100 亿来推动发展，以实现两家上市公司"十三五"末"双千亿"市值的战略目标。

（二）业务布局

万丰集团成立 20 多年来，深耕汽车零部件产业，在铝轮制造、镁业制造、环保涂覆及混合动力等细分市场上都取得了不俗成绩。2013 年，万丰集团的发展战略从传统汽车行业开始转向大交通领域。2013 年 11 月，万丰集团斥资 15.3 亿元人民币收购镁合金行业全球领导者——加拿大镁瑞丁轻量化技术

控股有限公司，该公司拥有行业尖端核心技术，生产基地分布在美国、加拿大、英国、墨西哥、中国等国家，在加拿大设有全球领先的镁合金技术研发中心，其产品市场占有率在北美达65%以上。2015年，万丰集团大举进军通用航空业，先后成立万丰通用航空有限公司、万丰航空工业有限公司，控股加拿大DFC航空飞行员培训学校，涉足飞行员培训业务。2016年，万丰集团成立万丰通用机场管理有限公司，并购世界前三强的通用飞机制造商加拿大钻石飞机工业公司，收购捷克DF公司，并投资12亿元，与捷克多家轻型飞机公司一起打造设计研发、生产制造、配套服务三个平台。"十三五"期间，万丰集团全面进军通航产业，布局航空全产业链，培育飞机整机制造、机场建设管理、通航运营、航校培训、飞行服务等业务板块，构建国际研发、万丰制造、全球销售的飞机制造产业发展格局（如图3-3所示）。

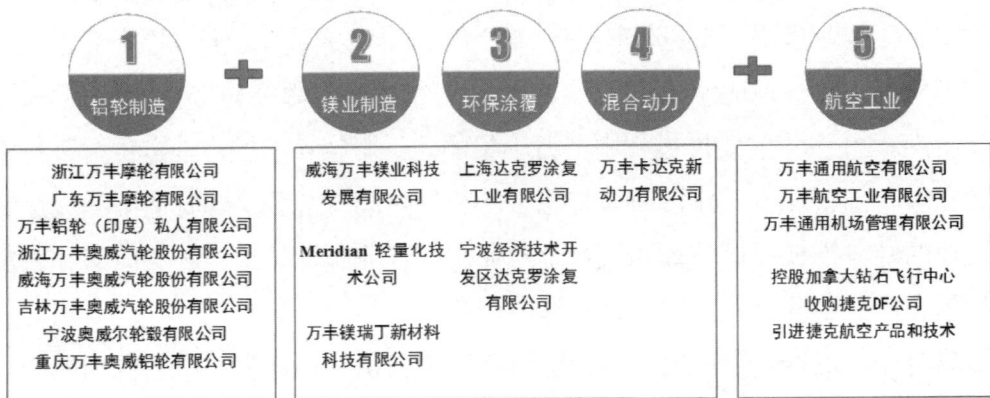

1 铝轮制造	**2** 镁业制造	**3** 环保涂覆	**4** 混合动力	**5** 航空工业
浙江万丰摩轮有限公司 广东万丰摩轮有限公司 万丰铝轮（印度）私人有限公司 浙江万丰奥威汽轮股份有限公司 威海万丰奥威汽轮股份有限公司 吉林万丰奥威汽轮股份有限公司 宁波奥威尔轮毂有限公司 重庆万丰奥威铝轮有限公司	威海万丰镁业科技发展有限公司 Meridian轻量化技术公司 万丰镁瑞丁新材料科技有限公司	上海达克罗涂复工业有限公司 宁波经济技术开发区达克罗涂复有限公司	万丰卡达克新动力有限公司	万丰通用航空有限公司 万丰航空工业有限公司 万丰通用机场管理有限公司 控股加拿大钻石飞行中心 收购捷克DF公司 引进捷克航空产品和技术

图3-3　万丰实业业务分布

（三）对捷业务现状

万丰集团在布局通用航空产业链的过程中，主动融入国家"一带一路"建设，挖掘捷克作为轻型运动飞机制造强国的市场潜力，结合公司产业发展战略，把捷克作为万丰集团在欧洲航空产业系列投资和发展的"桥头堡"。仅2016年以来，万丰集团就在捷克航空产业开展了一系列贸易、投资活动。

2016年3月28日，经商务部核准，由万丰航空工业有限公司（以下简称"万丰航空")并购全球轻型运动类飞机的知名制造商之一捷克 DF 公司，设立捷克天空领导者公司，投资总额为 980 万美元。万丰航空并购 DF 公司后，进一步提升了万丰航空在飞机设计、研发、整机制造方面的实力。

2016 年 6 月 19 日，在浙江—捷克经贸合作交流会暨合作项目签约仪式上，万丰与捷方签署了航空项目合作备忘录，共同推进万丰在捷克投资建设。

2016 年 6 月 22 日，经商务部核准，由万丰航空投资 226 万美元新设成立万丰 AL 有限公司，主要从事运输设备制造。

2016 年 7 月，万丰在捷克布拉格成立万丰（捷克）飞机工业有限公司，办公地点选在布拉格的著名建筑跳舞楼，主要从事飞机整机及核心零部件的设计、研发、工程和制造。以此为平台，实施万丰在捷克航空产业的投资工作。

2016 年 10 月，国家民航总局王志清副局长赴捷克访问，为万丰颁发型号认可证和生产许可证，成为中捷签署双边协议后第一个获得中国政府批准生产捷克轻型运动飞机的企业。

2016 年 10 月 3 日，万丰集团与布尔诺科技大学签署战略合作签约，就飞机设计、研发等方面开展全方位合作，致力于整机及核心零部件的设计、研发与制造，努力打造国际知名的轻型运动类飞机的设计研发平台。

2016 年 11 月 14 日，万丰与捷克两家公司签署知识产权收购协议，完成另外两种机型的 IP 转让，引入中国境内生产，落户浙江新昌的万丰航空小镇，万丰将拥有首架具有完全自主知识产权的飞机。在此基础上，万丰计划在捷克收购 1 家知名轻型运动飞机制造企业、多种轻型运动类飞机机型的知识产权。

事实上，万丰集团在捷克聚焦航空产业，布置了一个系统、完整的投资合作计划，主要包括四个方面：第一是飞机整机制造，第二是飞机设计与研发，第三是空中指挥系统的合作，第四是核心零部件制造。由此可见，捷克是万丰集团通航产业全球价值链布局的重要节点，是万丰集团全球集聚优质资源禀赋的有心之作。万丰集团的现实案例为浙江与捷克探讨产业融合、共同发展提供了建设思路与研究样本，万丰集团在通航产业的全球发展也是浙江企业"走出去"带动"引进来"的生动案例。

（四）"走出去"带动"引进来"：新昌万丰航空小镇建设

万丰航空小镇位于浙江新昌工业园区核心区内，总规划面积为5平方千米，建设面积为3.68平方千米，计划实施飞机制造项目、机场及配套设施建设项目、航空零部件智能制造项目、万丰航空学院建设项目、万丰运输航空机场及配套设施建设项目等共12个建设项目，建设累计投资100亿元。

万丰集团聚焦通航产业，近年来在加拿大、捷克围绕飞机设计与研发、核心零部件及整机制造、通航配套服务等开展了一系列的并购活动。除在捷克开展的一系列投资并购外，万丰集团还收购了加拿大钻石飞机工业有限公司，控股加拿大DFC航空飞行员培训学校。在完成加拿大与捷克的并购后，万丰集团初步构建了以中国、捷克、加拿大为核心的万丰通航产业布局框架，将海外并购吸收的先进技术引进国内，落户新昌万丰航空小镇。据悉，航空小镇将捷克天空领航者公司、意大利阿古斯塔威斯特兰公司、钻石飞机公司等引入中国境内生产；将加拿大DFC航校的资质延伸引入到航空小镇，建成具有优秀培训资质的国际性航校；建设飞行服务站，初期为万丰机场、通航公司和航校提供服务，未来面向长三角区域（如图3-4所示）。

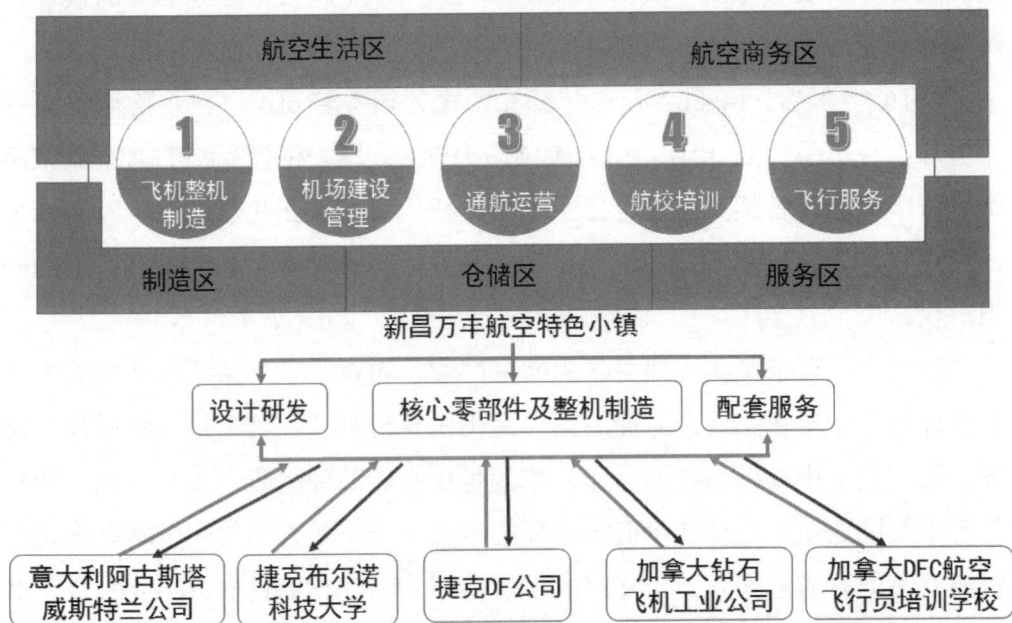

图3-4　万丰集团的"走出去"与航空小镇建设

　　依托万丰集团海外并购形成的强大研发、制造能力，新昌航空小镇确立了"一核两翼三区"的规划方案，以"产业联动、技术源动、国际互动、资本驱动、龙头拉动"为发展理念，围绕通航产业发展，结合"工业4.0"和"互联网+"的导向，重点突破飞机整机制造，加快延伸通航产业链上下游零部件的制造、运营服务。航空小镇以飞机制造为核心，以航空生活区和航空商务社区为两翼，以外围制造区、仓储区、服务区为环绕，作为一个产业生态链完整的航空小镇，提供1万个就业岗位，万丰集团欲将航空小镇打造成为产业孵化高地、整机研制高地、人才集聚高地、工业旅游高地、航空文化博览高地，带动浙江航空产业发展和高端装备制造业转型升级。

案例三　移动支付——中国新名片：蚂蚁金服公司案例

支付宝"出海造船"

（一）企业简介

浙江蚂蚁小微金融服务集团有限公司（简称"蚂蚁金服"）起步于 2004 年成立的支付宝。2013 年 3 月，小微金服（筹）成立，支付宝从一家支付公司变成了一家互联网金融综合服务集团。经过一年多的筹备，2014 年 10 月 16 日，蚂蚁金服正式宣布成立。之所以定名为"蚂蚁金服"是借义"蚂蚁"代表自然界中微小而坚韧的力量。蚂蚁虽小，但是汇聚起来就有无穷的力量。蚂蚁金服借此表达服务"小微"企业的发展理念。蚂蚁金服将自身定义为金融科技企业，致力于通过科技创新能力，搭建一个开放、共享的信用体系和金融服务平台，面向全球消费者及小微企业提供安全、便捷的普惠金融服务，旗下拥有支付宝、蚂蚁财富、芝麻信用、网商银行、蚂蚁金融云等品牌。截至 2016 年底，蚂蚁金服旗下的支付宝在中国移动支付中占据的市场份额已高达 54%，成为富有全球影响力的移动支付平台，也成为中国影响世界的一张"新名片"。

（二）"蚂蚁"思维

移动支付，是指用户使用移动终端（如智能手机、平板电脑等）对所消费的商品或服务进行账务支付，单位或个人通过移动设备、互联网或者近距离传感直接或间接向银行等金融机构或第三方支付平台发送支付指令产生货币支付与资金转移行为，从而实现移动支付功能。因此，移动支付的推广依赖于智能手机等移动终端设备的普及和移动网络的广泛覆盖。

1. 总体框架

在移动支付基础硬件环境日益成熟的大背景下，蚂蚁金服将互联网技术作为立身之本，以支付为入口，链接用户、商户和产品（服务），通过 SaaS（软件即服务，新型软件应用模式），开展分布式数据挖掘，构建起基于海量数据的信用体系，并支撑普惠金融的发展。蚂蚁金服业务布局如图 3-5 所示。

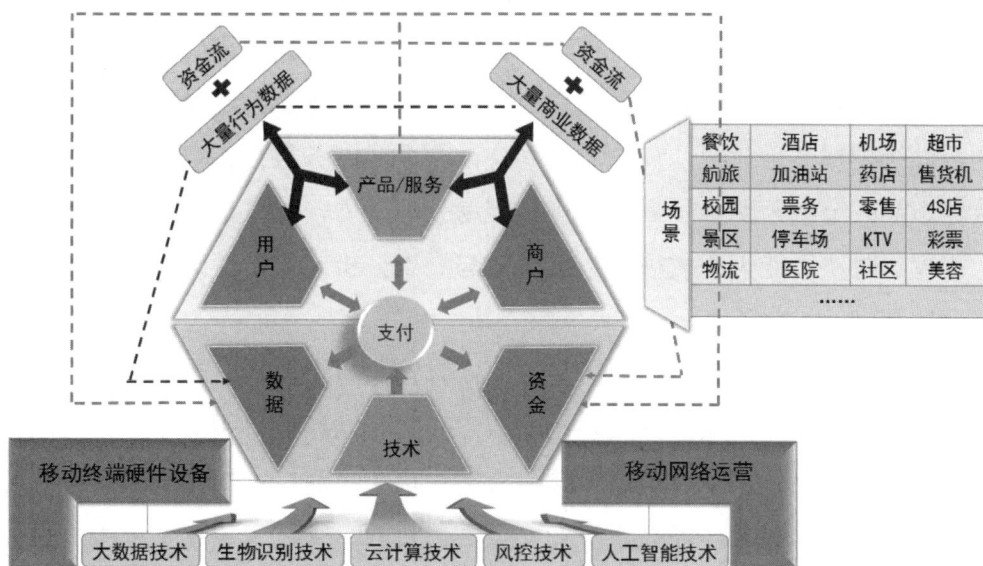

图 3-5　蚂蚁金服业务布局图

2. 具体内容

（1）在"蚂蚁"思维中，技术是根基

从 2004 年支付宝成立伊始，蚂蚁金服就秉承用技术创新提升用户体验的原则，致力于通过互联网技术为用户与合作伙伴带来价值。目前，在蚂蚁金服构建的技术支撑体系包括五类技术。

大数据技术　大数据技术的核心是海量数据的分析挖掘能力。蚂蚁金服利用大数据技术处理海量来自支付宝的支付行为数据、阿里巴巴的电商交易数据和蚂蚁金服的互联网金融数据，通过分析大量的网络交易及行为数据，对用户进行信用评估，评估结果可以帮助互联网金融企业对用户的还款意愿及还款能力做出结论，继而为用户提供快速授信及现金分期服务。网商银行据此形成网络贷款"3-1-0"模式，即："3分钟申请、1秒钟到账、0人工干预"的服务标准。

生物识别技术　蚂蚁金服一直致力于研发先进的生物识别技术并将其应用于互联网身份认证领域，实现更高的安全性与更好的用户体验。据测试，支付宝人脸识别配合眼纹等多因子验证准确率达99.99%，支付宝高并发和高可靠性的系统安全架构可以同时满足每分钟50万次以上的身份核实需求，能够抵抗照片、视频、面具和三维软件合成等大部分人脸伪造攻击。

云计算技术　蚂蚁金融云是蚂蚁金服基于多年积累的金融级互联网技术，为金融机构提供行业云计算服务的平台，至今已服务数百家客户和生态合作伙伴。蚂蚁金融云整合了蚂蚁大规模交易处理能力，并且在未来将逐步开放大规模实时决策能力和大规模数据集成与洞察分析能力，持续为合作伙伴提供金融基础技术服务。

风控技术　支付宝风控系统包括事前预防、事中监控、事后审核三个环节。事前，将账户的风险分级，不同账户对应不同风险等级；事中，对新上线的产品进行风险评审以及监控策略方案评审；事后，利用原来的历史交易数据进行个性化验证，提高账户的安全性。目前，支付宝资损率已不到百万分之一，相较于国际领先支付机构万分之十七的资损率，风控能力遥遥领先。

人工智能技术　人工智能是蚂蚁金服的一个核心技术引擎，被广泛应用于蚂蚁金服的各项业务，从智能客服到交易风控，从商家营销到贷款模型，从财经资讯推送到智能理财，从车险图像定损到保险对话机器人等。目前，支付宝智能客服客户满意率已经超过人工，目前已开放给保险、证券、政府部门等各领域120多家客户；2017年6月14日，蚂蚁智能理财顾问向金融机构开放，一个月后，日均交易额增长243%，日均客单涨幅达到190%。2017年6月27日，蚂蚁图像定损能力开放给保险公司，交通事故定损只需要几秒钟就可以完成，有望每年为行业节约案件处理成本20亿元。

（2）在"蚂蚁"思维中，场景是驱动

蚂蚁金服的生态体系中，场景和技术如同自行车的两个轮子，相互促进，相互激发。蚂蚁金服的技术路径是由场景和业务驱动的，通过场景的发现和创新来驱动技术的提升。蚂蚁金服拥有全球最大金融生活服务场景，涵盖餐饮、酒店、航旅、超市、便利店、机场、免税店、票务、停车场等众多消费者日常吃穿住用行的商业场景，而且还在不断扩展至医院、交通、水电燃气等民生领域。蚂蚁金服也因此成为入选"2017 年全球最聪明的 50 家公司"榜单[1]中唯一的一家金融科技公司。

（3）在"蚂蚁"思维中，开放、共享的信用体系和金融服务平台是目标

2015 年 9 月 14 日，蚂蚁金服宣布启动"互联网推进器"计划，将在渠道、技术、数据、征信，乃至资本层面，和金融机构与合作伙伴加大合作，在 5 年内助力超过 1000 家金融机构向新金融转型升级。蚂蚁金服在全球化推进过程中，也坚持以开放姿态拥抱全球合作伙伴。2016 年 7 月，支付宝宣布向海外合作伙伴开放支付、跨境 O2O、数据运维等基础能力，推进全球线下业务场景的拓展，共建信用体系和金融服务平台，并以技术开放共享来推动更大规模开放平台的建设是蚂蚁金服的发展目标。

（三）海外拓展与对捷业务现状

2015 年 2 月，蚂蚁金服与印度当地电子钱包 Paytm 展开战略合作。2017 年 4 月，Paytm 用户数从不到 3000 万骤升至 2.2 亿，跃升为全球第三大电子钱包。

2016 年 11 月，蚂蚁金服与泰国支付企业 Ascend Money 签订战略合作协议，将蚂蚁的普惠金融模式复制到泰国。

2017 年 2 月，蚂蚁金服注资菲律宾最大数字金融公司 Mynt。Mynt 旗下拥有菲律宾最大电子钱包 GCash，用户可以通过它为手机充值、转账，可以线上购物、缴费等，目前的用户已超过 300 万。

2017 年 2 月，蚂蚁金服与韩国最大社交平台 Kakao 达成战略合作，蚂蚁

---

1 2017 年 7 月由美国权威科技杂志《麻省理工科技评论》发布。

金服入股 Kakao 新成立的移动金融子公司 Kakao Pay。Kakao Pay 在韩国拥有逾 1400 万用户。Kakao Pay 将利用蚂蚁金服的技术和经验发展普惠金服，并打通支付宝在韩国已接入的 3.4 万家商户。

2017 年 4 月 12 日，蚂蚁和印尼 Emtek 集团宣布成立一家合资公司，开发移动支付产品。

在欧洲，蚂蚁金服重点开拓跨境线下业务，聚焦于为中国出境游客提供移动支付，以及连接周边吃喝玩乐购和出行的服务。目前，支付宝已跟包括巴黎银行、巴克莱银行、裕信银行、SIX、Wirecard、Concardis、Ingenico Group 等机构达成合作，共同促进移动商业在欧洲的推广。其中，巴黎银行、巴克莱银行、裕信银行、SIX 目前在欧洲接入的商户总数为 93 万家，未来支付宝用户在这些欧洲商户的门店进行消费，有望通过 POS 机完成支付宝扫码付，和在中国一样用人民币完成支付。支付宝通过与德国支付服务商 Concardis 合作，可以帮助麦德龙、Aldi 超市、道格拉斯、LV 以及各大型连锁酒店等 20 多万个德国商家门店实现支付宝付款。在欧洲部分机场，支付宝已经实现了实时退税功能。芬兰航空在所有往返中国内地及香港航线上推出空中购物支付宝结账服务，全球最大的两家邮轮公司——挪威邮轮和嘉年华邮轮也推出海上消费支付宝结账、支付宝扫码付服务。目前，支付宝在欧洲接入的场景已涵盖餐饮、超市、百货、便利店、免税店、主题乐园、海外机场、退税等。

在捷克，支付宝目前已接入约 40 家商家，这些商家主要分部在布拉格老城区，涵盖购物、餐饮、宾馆、博物馆、观光游览车等，知名商户有 Swarovski、Longchamp boutique、Diamond Prague Museum、Grand Hotel Praha 等。日均交易笔数从开通以来一直稳步上升，平均每笔交易金额达到人民币 1200 元左右。

（四）全球化战略

目前，蚂蚁金服全球化拓展主要包括三大版块。

1. 跨境线下业务

蚂蚁金服大力推广跨境线下支付，以服务中国游客出境游为突破口，与境外金融机构或收单机构合作，接入当地商家客户，以此来进行国外本土化市场的教育，增强本土认知程度，推广移动支付模式。

2. 全球收全球付

目前，蚂蚁金服通过支付宝品牌已经打通了全球 200 多个国家和地区的资金渠道，与 Visa、万事达、JBC、花旗银行、渣打银行、巴克莱银行、德意志银行等 200 多家金融机构开展合作，支持 19 种货币结算，拥有超过 4000 万的海外用户。蚂蚁金服志在帮助全球用户和商家实现全球收全球付，推进 eWTP 基础设施建设。

3. 普惠金融全球实践

普惠金融的全球实践借助"出海造船"的全球化新模式。蚂蚁金服以技术出海为基础，坚持"一国一策"原则，选择目标国当地合作伙伴，共同打造本地版支付宝，与当地合作伙伴共同提供本地化服务，培养当地人才。目前，蚂蚁金服以这种"出海造船"的方式输出技术和商业模式的国家包括印度、泰国、菲律宾、印尼等"一带一路"沿海国家。2017 年，蚂蚁金服还将陆续宣布数个"一带一路"沿线国家的技术出海计划。

2017 年，蚂蚁金服进入发展的第五个三年，公司将迎来数字普惠战略的落地，并将以支付为底盘，构建信用体系、小微企业的综合金融服务和全球化作为企业发展的三大战略。目前，中国的移动支付行业在全球范围内处于产业规模第一、技术和应用模式领先的地位，已经成为国内少有的整体对外进行技术和模式输出的产业。因此，蚂蚁金服的全球化发展进程必将推动中国移动支付产业的全球化发展，浙江在这一进程中应该发挥更大的作用。

附 件

捷克投资环境和投资政策

本附件主要内容译自捷克投资局 *Investment Incentives Manual* (2015 年 5 月 1 日起生效)。中文内容未经捷克投资局确认。

一、投资环境

1. 政治经济稳定

捷克是第一个获准加入经合组织的中东欧国家，是欧盟成员国，先后加入了世界贸易组织、国际货币基金组织和欧洲复兴开发银行等国际组织。捷克议会民主制度成熟，经济政策连续，自 1991 年以来，捷克国家银行一直保持着非常稳定的货币水平，捷克克朗可以自由兑换。

2. 无歧视

根据捷克法律规定，国内外实体在所有领域都享受同等待遇，如从产权保护到投资鼓励。此外，除了国防和银行部门外，政府不审查任何国外投资项目，在私有化销售方面不歧视任何国外投资者。

3. 投资保护

捷克是多边投资担保机构的一员，与该组织签订了用来支持和保护国外投资的双边条约，条约规定在非歧视性的基础上对待其他成员国居民的投资和相关活动，并依据法律给予充分保护和保障。捷克还缔结了避免双重征税的协定。

4. 知识产权保护

捷克现有立法保护包括专利、版权、商标和半导体芯片设计在内的所有形式的知识产权。商标法和版权法与欧盟指令相一致。

5. 产权保护

只有在出于公共利益且没有其他方式的情况下，国家才有可能征用外籍人士或外籍公司的财产，且征用必须由议会法案审核通过并以市场价值全额补偿。自 1989 年以来，外国投资者在捷克的财产从未被征用过。

6. 利润汇回

除了股份和有限责任公司需预备的强制性储备金以及需缴纳的预提税，捷克子公司给其国外的母公司分配以及汇回利润不存在任何限制。

7. 税率

捷克的公司所得税税率为 19%，在整个欧盟中是最低的。对特定的纳税者，如养老基金、投资基金，适用 5%的税率。个人所得税自 2014 年起统一税率为 15%；对于高收入的个人，另加 7%的税率。

8. 投资风险

国际三大信贷评级机构国家投资风险评级如表 4-1 所示。

表 4-1　国际信贷评级机构国家投资风险评级

国家	标准普尔	穆迪	惠誉国际
捷克	AA-	A1	A+
斯洛伐克	A+	A2	A+
波兰	BBB+	A2	A-
匈牙利	BBB-	Baa3	BBB-
罗马尼亚	BBB-	Baa3	BBB-
俄罗斯	BB+	Ba1	BBB-
保加利亚	BB+	Baa2	BBB-

来源：捷克国家银行 2017 年

9. 全球竞争力指数排名

捷克共和国在世界经济体竞争力排名中居第 31 位，该排名在中东欧国家中名列前茅。

二、各州市投资环境

捷克全国共划分为 14 个州级行政区（包括 13 个州及首都布拉格市）。主要州及主要城市的基本投资环境、人才、办公租金等情况如表 4-2 所示。

表 4-2　捷克各州及主要城市投资环境信息

州市	失业率（%）	大学教育（专业学生人数）	外籍人员	外语普及率	办公租金欧元/米²/月	其他
利贝雷茨	7.7	工商管理及人力资源：1852 名 计算机：821 名	17119 人	英语 49%　德语 42% 俄语 42%　法语 5% 西班牙语 3%	8.50~11.00	
布拉格	5.3	工商管理及人力资源：39888 名	227362 人	英语 68%　德语 41% 俄语 40%　法语 9% 西班牙语 6%	市中心：19.50~20.50 城区：15.00~17.50 郊区：13.00~14.50	政治、教育、文化和经济中心，联合国教科文世界遗产地，国际机场
中捷克	6.4	计算机：11441 名 法学：4450 名		英语 50%		
皮尔森	5.6	工商管理及人力资源：1407 名 计算机：2303 名 法学：1178 名	26044 人	英语 45%　德语 49% 俄语 38%　法语 2% 西班牙语 4%	10.00~11.50	
捷克布杰约维采	5.4	工商管理及人力资源：5368 名 计算机：1403 名	15386 人	英语 39%　德语 62% 俄语 44%　法语 2% 西班牙语 3%	无数据	联合国教科文世界遗产地
帕尔杜比采	5.3	工商管理及人力资源：4210 名 计算机：3129 名	25025 人	英语 45%　德语 39% 俄语 46%　法语 5% 西班牙语 4%	9.00~11.50	国际机场
赫拉德茨-克拉洛韦				英语 57%　德语 42% 法语 6%　西班牙语 3%		
奥斯特拉发	11.3	工商管理及人力资源：9500 名 计算机：4136 名	24042 人	英语 46%　德语 34% 俄语 34%　法语 2% 西班牙语 3%	10.00~12.50	国际机场
奥洛莫乌茨	8.4	工商管理及人力资源：1143 名 计算机：547 名 法学：1621 名	10160 人	英语 61%　德语 42% 俄语 42%　法语 6% 西班牙语 4%	9.00~10.50	
布尔诺	8.8	工商管理及人力资源：13271 名 计算机：9370 名 法学：3076 名	38917 人	英语 54%　德语 48% 俄语 40%　法语 5% 西班牙语 2%	10.00~13.50	研发和商务服务中心、联合国教科文世界遗产地、国际机场
兹林	6.4	工商管理及人力资源：2932 名 计算机：1828 名	8140 人	英语 55%　德语 44% 俄语 42%　法语 5% 西班牙语 4%	7.50~10.00	

来源：捷克投资和商业发展局

　　捷克各地区间工资差异高达约 20%。通常，布拉格的员工工资高于其他地区（目前比捷克平均工资高出 29%）。而卡罗维瓦利州工资最低（比捷克平均工资低 15%）。具体情况如表 4-3 所示。

表 4-3　2016 年捷克各地区平均月收入总额

地区	地区平均工资	地区	地区平均工资
布拉格市	€1320/$1391	中捷克州	€1026/$1096
皮尔森州	€981/$1048	利贝雷茨州	€948/$1013
维索基纳州	€933/$997	摩拉维亚-西里西亚州	€932/$995
乌斯季州	€931/$994	赫拉德茨-克拉洛韦州	€930/$994
南捷克州	€919/$982	帕尔杜比采州	€914/$977
奥洛穆茨州	€913/$975	南摩拉维亚州	€901/$962
兹林州	€901/$962	卡罗维瓦利州	€874/$934

　　来源：捷克统计局 2017 年

三、投资鼓励政策

（一）投资鼓励领域

1. 制造业领域

　　享受制造业鼓励政策的资格标准：投资者必须在三年内投资至少 1 亿捷克克朗（约 400 万美元）。在有特殊国家资助的地区和特殊产业园区，这一限额减少到 5000 万捷克克朗。必须至少有 5000 万（或 2500 万）捷克克朗投资于新机械。投资者必须创造至少 20 个新的就业岗位。

　　战略性投资的资格标准：投资者必须在三年内投资至少 5 亿捷克克朗（约 2000 万美元）。必须至少有 2.5 亿捷克克朗投资于新机械。投资者必须创造至少 500 个新的就业岗位。

2.技术中心

　　享受技术中心鼓励政策的资格标准：投资者必须在三年内投资至少 1000

万捷克克朗（约 40 万美元）。必须至少有 500 万捷克克朗投资于新机械。投资者必须创造至少 20 个新的就业岗位。

战略性投资的资格标准：投资者必须在三年内投资至少 2 亿捷克克朗（约800 万美元）。必须至少有 1 亿捷克克朗投资于新机械。投资者必须创造至少100 个新的就业岗位。

3. 商务支持服务中心

商务支持服务中心包括共享服务中心、软件开发中心、高科技维修中心、数据中心、客户支持中心（呼叫中心）。

商务支持服务中心的资格标准：在软件开发中心和数据中心创造至少 20个新的就业岗位。在共享服务中心和高科技维修中心创造至少 70 个新的就业岗位。在客户支持中心（呼叫中心）创造至少 500 个新的就业岗位。

（二）投资鼓励政策

捷克目前执行的投资鼓励政策主要包括税收鼓励、创造就业补助、培训和再培训补助、资本投资现金补助及财产税鼓励政策，设有国家资助最高额度。国家资助是指税收鼓励、创造就业补助、财产税免税和资本投资的现金补助。培训和再培训补助金不计入最高国家资助比例。对于大型企业而言，最高额度为其合规总成本的 25%，数据中心为 6.25%。其中，合规成本是指固定资产（当机器的价值占所购置资产价值的一半以上），或是新设就业岗位的两年工资总额，可作为计算最高国家资助力度的合规成本。

目前，捷克投资鼓励政策具体如表 4-4 所示。

四、捷克劳动力成本

与中东欧其他国家相比，捷克的劳工教育背景好，技术水平高，并掌握多门语言。在过去的 5 年中，捷克劳动者平均年收入增长约 3%，但与西欧相比，其成本基数较低。捷克克朗兑欧元和美元汇率近期走弱，使得捷克劳动力成本更具有优势，而且预计近期会维持稳定。

表 4-4　捷克投资鼓励政策

税收鼓励	新成立的公司免征所得税，最长达 10 年
	采用现有捷克法人扩张形式，部分减免所得税，最长达 10 年
创造就业补助	在特殊产业园区每创造一个新的就业岗位，奖励 30 万捷克克朗； 失业率高于全国平均水平 50%的地区，每创造一个新的就业岗位，奖励 20 万捷克克朗； 失业率高于全国平均水平 25%～50%的地区，每创造一个新的就业岗位，奖励 10 万捷克克朗
培训和再培训补助	为新雇员的培训和再培训，根据不同地区的情况，补助可达正规培训费的 25%或 50%
资本投资现金补助	对制造业或技术中心的战略性投资项目，提供最高可达合规成本 10%的财政支持
财产税鼓励	特别产业园区最长五年免征财产税

（一）整体劳动力成本

根据欧盟统计局的数据，2016 年捷克工业部门工人平均小时工资额为 10.3 欧元，服务业略高，为 10.5 欧元。该数据远低于欧盟 28 国平均水平，但高于部分中东欧国家（如图 4-1 所示）。

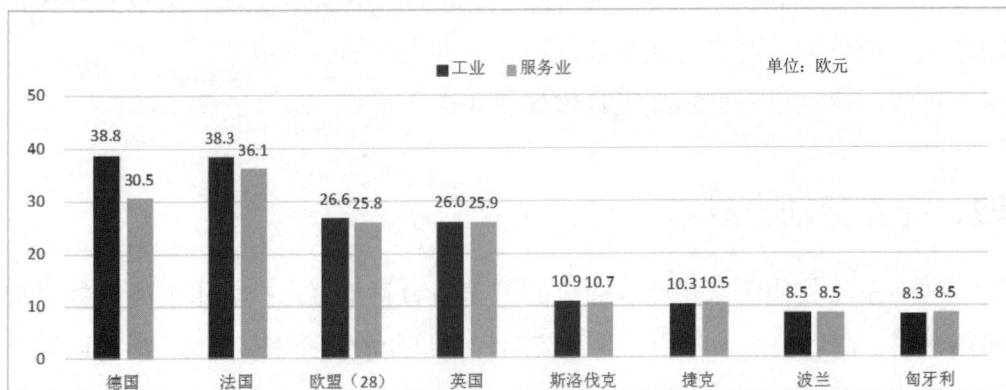

数据来源：欧洲统计局，2017 年（2017 年 4 月更新）

图 4-1　2016 年欧洲部分国家小时工资额比较

（二）分行业劳动力成本

捷克各行业用工劳动力成本差别较大，金融保险行业从业人员月平均收入最高，为 1866 欧元。信息通信行业紧随其后，从业人员月平均收入为 1863 欧元。住宿及餐饮行业从业人员月平均收入最低，仅为 582 欧元（如图 4-2 所示）。

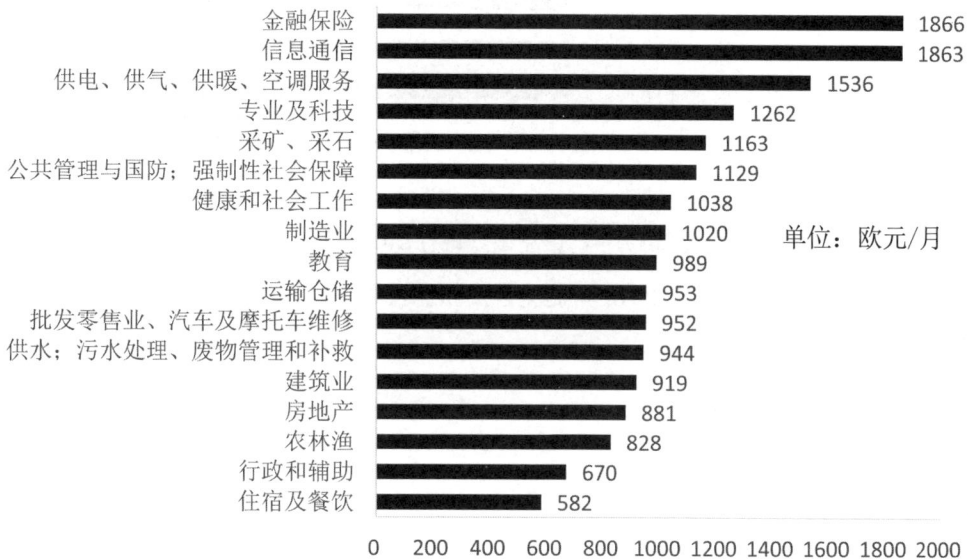

行业	收入
金融保险	1866
信息通信	1863
供电、供气、供暖、空调服务	1536
专业及科技	1262
采矿、采石	1163
公共管理与国防；强制性社会保障	1129
健康和社会工作	1038
制造业	1020
教育	989
运输仓储	953
批发零售业、汽车及摩托车维修	952
供水；污水处理、废物管理和补救	944
建筑业	919
房地产	881
农林渔	828
行政和辅助	670
住宿及餐饮	582

单位：欧元/月

信息来源：捷克统计局 2017 年，捷克国家银行 2017 年

图 4-2 2016 年捷克各行业月平均收入对比

（三）分职业劳动力成本

据统计，捷克体力劳动者的月平均收入仅为 820 欧元/月，而非体力劳动者的月平均收入则为 1349 欧元/月。具体职业月平均收入如图 4-3 所示。

在捷克，劳动者每周最多工作时间为 40 小时。对于采用两班轮换方式工作的员工，工作时间则为 38.75 小时。每位员工有权每年至少享受 4 周的休假。此外，捷克共和国当前有 12 个法定公共假日。

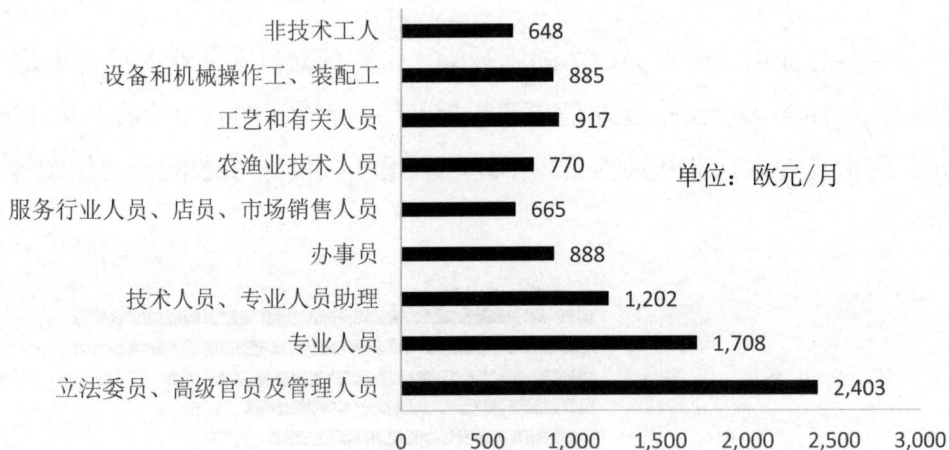

单位：欧元/月

职业	收入
非技术工人	648
设备和机械操作工、装配工	885
工艺和有关人员	917
农渔业技术人员	770
服务行业人员、店员、市场销售人员	665
办事员	888
技术人员、专业人员助理	1,202
专业人员	1,708
立法委员、高级官员及管理人员	2,403

信息来源：捷克统计局 2017 年，捷克国家银行 2017 年

图 4-3　2016 年捷克各类职业月平均收入对比

致　谢

《"一带一路"框架下浙江与捷克经贸合作发展报告（2018）》首度向社会发布，在此感谢社会各界为本报告发布提供的帮助、指导与支持。

本报告在编写过程中得到了浙江省商务厅的悉心指导。外联处、外经处、贸发处等相关处室给予了鼎力支持，也对报告的内容提出了宝贵的修改意见。

报告在资料搜集过程中得到了万向集团、大华科技、炬华科技、蚂蚁金服等多家企业的全力配合，在此一并表示感谢！

感谢研究中心的各位同仁，感谢本报告的英语翻译团队、捷克语翻译团队以及外审专家们的辛勤工作，使这份报告得以用中、英、捷三语同时公开发布！

图书在版编目(CIP)数据

"一带一路"框架下浙江与捷克经贸合作发展报告.
2018 / 郑亚莉，张海燕著. —杭州：浙江大学出版社，
2018.5
　ISBN 978-7-308-18110-5

　Ⅰ.①—… Ⅱ.①郑… ②张… Ⅲ.①"一带一路"
—对外经贸合作—研究报告—浙江、捷克—2018 Ⅳ.
①F752.857.3

中国版本图书馆 CIP 数据核字(2018)第 062647 号

"一带一路"框架下浙江与捷克经贸合作发展报告（2018）

郑亚莉　张海燕　著

责任编辑	诸葛勤	
封面设计	周　灵	
责任校对	於国娟　郑成业	
出版发行	浙江大学出版社	
	（杭州市天目山路 148 号　邮政编码 310007）	
	（网址：http://www.zjupress.com）	
排　版	浙江时代出版服务有限公司	
印　刷	浙江印刷集团有限公司	
开　本	787mm×1092mm　1/16	
印　张	12.5	
字　数	338 千	
版印次	2018 年 5 月第 1 版　2018 年 5 月第 1 次印刷	
书　号	ISBN 978-7-308-18110-5	
定　价	68.00 元（全三册）	

Zpráva o rozvoji hospodářské a obchodní spolupráce mezi provincií Zhejiang a Českou republikou v rámci iniciativy „Pás a stezka"

(2018)

Zheng Yali, Zhang Haiyan

Překlad

Xu Weizhu

ZHEJIANG UNIVERSITY PRESS

浙江大学出版社

Obsah

Současná situace:

Analýza současného stavu bilaterální

Hospodářské a obchodní spolupráce mezi

Zhejiangem a Českou republikou v roce 2017

Shrnutí obsahu

◆ **Situace v bilaterální výměně zboží**

Roku 2017 celkový dovoz a vývoz činil 750 milionů USD, z toho byl vývoz z Zhejiangu do Česka v hodnotě 640 milionů USD a dovoz z Česka v hodnotě 110 milionů USD. Rozsah vývozu zdaleka převyšuje objem dovozu, vzájemný obchod má tedy ke svému růstu k dispozici stále velký prostor. Spočívá především v obchodování s meziodvětvovými komoditami, což si vyžaduje další prohloubení obchodu v rámci odvětví. Role podniků poskytujících integrované obchodní služby je velmi výrazná; podíl podniků se zahraničními investicemi je vyšší.

◆ **Situace v oblasti oboustranných investic**

Ke konci prosince 2017 je zde devadesát osm českých společností investujících v provincii Zhejiang. Investice probíhaly převážně v oblastech nerostných výrobek, chemických vláken, papírových výrobek a dalších odvětvích. A celkem sedmnáct společnosti z provincie Zhejiang investuje v ČR. Investováno bylo do železnice, lodní přepravy, letectví a kosmického průmyslu, výroby ostatního dopravního vybavení, kovových výrobek, velkoobchodního průmyslu a dalších odvětví.

◆ **Situace v kulturní výměně**

Neustále se oživují pragmatické a hluboké spolupráce v oblasti vzdělávání. Objem cestovního ruchu vykazuje prudký růst a perspektivní budoucnost spolupráce v turismu. Výměny v oblasti hudby, filmu a kontakty na nevládní úrovni jsou stále živější.

◆ **Analýza a výhledy**

1. Posilovat budování komunikačního mechanismu pro politický dialog; 2. Vytvořit nový otevřený ekonomický systém vysoce strategickým a systematickým projektováním zaměřeným na „Pás a stezku" i proměnou Zhejiangu a ČR v „klíčové uzly" ; 3. Využívat technologickou převahu Zhejiang a ČR, posilovat spolupráci v oblasti jako přeshraniční elektronické obchodování, internetové bankovnictví a mobilní platby, internet věcí a inteligentní města.

Současná situace: Analýza současného stavu bilaterální hospodářské a obchodní spolupráce mezi Zhejiangem a Českou republikou v roce 2017

3

Česká republika, ležící v srdci Evropy, je pro iniciativu „Pásu a stezky" opěrným bodem. Zhejiang je významným počátkem starověké pozemní a námořní Hedvábné stezky. Dvě ekonomiky vzdálené od sebe tisíce mil se úzce propojily díky projektu „Pásu a stezky", jemuž obě vlády přikládají velký význam a aktivně tím napomáhají bilaterální spolupráci a výměně. Celkový rozsah vzájemného obchodu a obousměrných investic mezi Zhejiangem a Českem není v této fázi velký, v příštím období se však rozsah obchodní výměny a investic může zdvojnásobit a navíc se strategický význam zhejiangsko-české spolupráce zdaleka neomezuje pouze na toto. Zhejiang chce z zhejiangsko-české spolupráce učinit významnou aktivitu, kterou se zapojí do iniciativy „Pásu a stezky"; prostřednictvím takových významných projektů jako je např. opora v české stanici na „Pásu a stezce" se chce podílet na vytvoření „otevřeného kanálu mezi Zhejiangem a Českem" orientovaného na internet a novou ekonomiku a výstavbu „Pásu a stezky", aby se Zhejiang a Česko staly partnery v kritických uzlech „iniciativy Pásu a stezky", a tak vznikl „zhejiangský model" vzájemně výhodné bilaterální spolupráce. V současnosti se podpora zhejiangsko-české kooperace ocitá v etapě strategického plánování, kdy se neustále objevují příklady zavádění inovací do praxe. Právě teď v oblasti zhejiangsko-české hospodářské a obchodní spolupráce probíhá prospěšný průzkum, jenž komplexněji ukáže současný stav této kooperace, zjistí slabá místa a překážky zabraňující rozvoji bilaterální hospodářské a obchodní spolupráce, prozkoumá možnosti inovace modelu a rozšíření oblastí bilaterální kooperace, což přispěje k vědeckému posouzení prostoru vzájemné spolupráce, racionálně vymezí očekávanou hodnotu dvoustranné kooperace a napomůže k zdravému a systematickému postupu vzájemné zhejiangsko-české hospodářské a obchodní spolupráce.

4

Zpráva o rozvoji hospodářské a obchodní spolupráce mezi provincií Zhejiang
a Českou republikou v rámci iniciativy „Pás a stezka" (2018)

I. Situace v bilaterální výměně zboží

A. Celková situace: Z hlediska středně- a dlouhodobé perspektivy vykazoval objem exportu a importu mezi Zhejiangem a Českou republikou rostoucí trend, ale jeho celkový objem není velký, v obchodní bilanci je rozdíl mezi vývozem a dovozem výrazný

Jak ukazují data, mezi lety 2006 a 2016 vykazovala obchodní výměna mezi Zhejiangem a Českem rostoucí trend, vývoz zaznamenal průměrný roční nárůst o 7,67%, u dovozu činil průměrný roční nárůst 13,3%. Roku 2016 dosáhl obrat obchodu mezi Zhejiangem a Českou republikou nejvyšší hodnoty za deset let, celkový dovoz a vývoz činil 637 milionů USD, což ve srovnání s předchozím obdobím představuje nárůst o 5,3%. Z toho byl vývoz z Zhejiangu do Česka v hodnotě 552 milionů USD a dovoz z Česka v hodnotě 85 milionů USD. Rozsah vývozu zdaleka převyšuje objem dovozu. V lednu až prosinci 2017 objem bilaterální obchodní výměny dosáhl 750 milionů USD, což představuje nárůst o 17,8%. Z toho vývoz z Zhejiangu do Česka dosáhl hodnoty 640 milionů USD, tj. nárůst o 15,4%; dovoz z České republiky byl v hodnotě 110 milionů USD, tj. nárůst o 33,6% ve srovnání s předchozím obdobím. Vzájemný obchod roste rychle a má tedy ke svému růstu k dispozici stále velký prostor.

B. Struktura obchodních komodit: Bilaterální obchod mezi Zhejiangem a Českou republikou spočívá především v obchodování s meziodvětvovými komoditami, což si vyžaduje další integraci odvětví a konvergenci průmyslového řetězce

Zhejiang vyváží do ČR především oblečení, textil, elektrické vedení a kabely a jiné produkty, z ČR se do Zhejiangu dováží hlavně kovový šrot, automatické řídicí a měřicí přístroje a nástroje apod. Podle celních statistik se v první desítce významných komodit bilaterální obchodní výměny opakovaně vyskytují výrobky z plastů a elektropřístroje pro spínání a ochranu elektrických obvodů. Ve struktuře zboží v bilaterálním dovozu a vývozu mezi Zhejiangem a Českem existují významné rozdíly, což na jedné straně dokládá, že Zhejiang i ČR mají své vlastní průmyslové přednosti, které si možno vzájemně předávat. Avšak v kontextu ekonomické globalizace, jejímž specifickým příznakem jsou průmyslové řetězce, tato struktura rovněž odráží skutečnost, že zhejiangsko-česká vzájemná integrace průmyslových odvětví musí být ještě prohloubena a velké možnosti skýtá i obchod v rámci odvětví.

Z hlediska struktury exportních komodit je deset hlavních produktů zhejiangského vývozu do Česka v roce 2017 shrnuto v tabulce 1-1. Mezi hlavními

Současná situace: Analýza současného stavu bilaterální hospodářské a obchodní spolupráce mezi Zhejiangem a Českou republikou v roce 2017

5

produkty vývozu z Zhejiangu do Česka se výrazně vyčleňuje oblečení a oděvní doplňky, jejichž vývoz v roce 2016 dosáhl hodnoty 64,9873 milionů USD, což představovalo 11,82% celkového zhejiangského vývozu do ČR za rok 2017. Jestliže k tomu připočteme rovněž textilní příze, tkaniny a výrobky z nich, které zaujímají 3. místo, tak export produktů z oblasti odívání činil téměř 15% celkového objemu exportu z Zhejiangu do ČR. Následují ho elektrické vedení a kabely, motory a generátory, jejichž exportní objem se blížil úrovni 20 milionů až 25 milionů USD, v objemech exportu je tedy poměrně značný rozdíl.

Tabulka 1-1   Hlavní produkty zhejiangského vývozu do ČR v 2017

Číslo	Název	Celkový objem vývozu (USD)	Meziroční růst nebo pokles (%)	Podíl ve stejném období (%)
1	Oblečení a oděvní doplňky	64 987 312	3,92	11,82
2	Elektrické vedení a kabely	24 084 884	18,61	4,38
3	Textilní příze, tkaniny a výrobky z nich	21 634 311	27,56	3,93
4	Motory a generátory	21 625 932	37,40	3,93
5	Součástky do automobilů	19 914 999	27,20	3,62
6	Lampy, svítidla a jejich komponenty	19 381 930	−13,23	3,52
7	Výrobky z plastů	15 701 013	7,52	2,85
8	Nábytek a nábytkové díly	13 437 734	7,83	2,44
9	Elektrické zařízení pro spínání a ochranu elektrického obvodu	11 767 940	21,49	2,14
10	Obuv	11 756 937	−16,53	2,14

Zdroj: Odbor obchodu provincie Zhejiang

Z hlediska struktury importních komodit je deset hlavních produktů zhejiangského dovozu z Česka v roce 2017 uvedeno v tabulce 1-2. Komodity dovážené z Česka představovaly velkou část primárních produktů, strojírenská zařízení zaujímají určitý podíl, a dovozu spotřebního zboží je velmi málo, což ze

6

Zpráva o rozvoji hospodářské a obchodní spolupráce mezi provincií Zhejiang
a Českou republikou v rámci iniciativy „Pás a stezka" (2018)

strany odráží místní trh, zejména trh spotřebního zboží nemá dostatek pochopení pro české výrobky, na jejich uznání je třeba dále kultivovat. V posledních letech, prostřednictví Tmall International, prodejního veletrhu „China-CEEC Investment and Trade Expo" ve městě Ningbo, Veletrhu dovozních komodit v Yiwu a dalších platforem on-line a off-line, české pivo, křišťálové výrobky a kosmetiky postupně sedostaly na trh Zhejiang, ale tržní potenciál stále existuje velký prostor.

Tabulka 1-2   Hlavní produkty zhejiangského dovozu z ČR v 2017

číslo	Název	Celkový objem vývozu (USD)	Meziroční růst nebo pokles (%)	Podíl ve stejném období (%)
1	Kovový šrot	17 424 495	120,86	15,84
2	Automatické řídicí a měřicí přístroje a nástroje	4 480 412	10,37	4,07
3	Ocel	3 942 388	809,07	3,58
4	Papíroviny	3 366 546		3,06
5	Syntetický kaučuk (včetně latexu)	3 281 169	5 867,61	2,98
6	Plasty v primární formě	2 920 712	−21,65	2,66
7	Výrobky z plastů	2 770 156	−30,10	2,52
8	Dřevo	2 296 590	10,14	2,09
9	Diody a polovodičové součástky	2 221 086	83,11	2,02
10	Elektrické zařízení pro spínání a ochranu elektrického obvodu	1 639 838	−5,33	1,49

Zdroj: Odbor obchodu provincie Zhejiang

C. Hlavní ekonomické subjekty: Role společností poskytujících integrované obchodní služby je velmi výrazná; podíl podniků se zahraničními investicemi je vyšší

Co se týče exportu v 2017, mezi deset největších exportérů do ČR patří: Panasonic Appliances Motor (Hangzhou) Co., Ltd., Hangzhou Sunrise Technology Co., Ltd., Asmo Hangzhou Xiaoshan Small Motor Co., Ltd., Zhejiang OneTouch

Současná situace: Analýza současného stavu bilaterální hospodářské a obchodní spolupráce mezi Zhejiangem a Českou republikou v roce 2017

7

Business Service Ltd., New H3C Group, Zhejiang Keen Faucet Co., Ltd., Zhejiang Cfmoto Power Co., Ltd., Mobiwire Mobiles(Ningbo)Co., Ltd., Cixi Donggong Electric Co., Ltd., Hangzhou Hikvision Digital Technology Co., Ltd., ZheJiang Zhaolong Cable Co., Ltd., Ningbo Haitian Logistics Co., Ltd., Nidec Zhejiang Co., Ltd., Sanhua Holding Group Co., Ltd., Ningbo Timberword Company, Zhejiang Liuqiao Industrial Co., Ltd., Welfull Group.Co., Ltd., Hangzhou Thinklux Import And Export Co., Ltd., China-Base Ningbo Foreign Trade Co., Ltd. a Yotrio Group Co., Ltd.

Co se týče importu v 2017, mezi dvacet největších importérů z ČR patří: Kayaku Safety Systems(HuZhou)Co., Ltd., Key (Huzhou) Safety Systems Co., Ltd., Xinguangsp Co., Ltd., LEGO Toy (Jiaxing) Co., Ltd., Ningbo Jintian Copper (Group) Co., Ltd., Orient cable Co., Ltd., Zhongce Rubber Group Co., Ltd., Takata (Changxing) Safety Systems Co., Ltd., Zhejiang Liuqiao Industrial Co., Ltd., Tederic Machinery Co., Ltd., Jiashan Sunking Power Equipment Technology Co., Ltd., Ningbo Gongyi International Trade Co., Ltd., Ningbo Texoon Brassworks Co., Ltd., NBHX Trim China Co., Ltd., Yuhuan FuLiDa metal Co., Ltd., Ningbo Junan Resources Co., Ltd., Zhejiang Complete Equipment Import & Export Co., Ltd., a Thyssenkrupp Springs and Stabilizers (Pinghu) Co., Ltd.

II. Situace v oblasti oboustranných investic

A. České společnosti investující v provincii Zhejiang

Ke konci prosince 2017 je zde devadesát osm českých společností investujících v provincii Zhejiang. Naplánovány byly investice v hodnotě 96,50 mil. USD, uskutečněné investice dosáhly 79,82 mil. USD. Investice probíhaly převážně v oblastech nerostných výrobek, chemických vláken, papírových výrobek a dalších odvětvích.

Hlavní české investiční projekty většího rozsahu jsou tyto:

1. Jinhua Guanhua Crystal Co., Ltd.

Společnost byla založena v červnu roku 2005 na základě společné investice firem Czech Hengxiang Co., Ltd. a Hongkong Galaxy International Co., Ltd. Celkový obnos investice byl 29,98 mil. USD. Společnost se zabývá výrobou produktů z nekovových minerálů. Jinhua Guanhua Crystal Co., Ltd. patří k technologicky velmi vyspělým firmám a v poslední době se stala největším výrobcem křišťálového skla v Číně. Zabývá se výzkumem, výrobou a prodejem křišťálového skla. V posledních letech se společnost zaměřuje na rozšíření svého výrobního řetězce a neustále rozšiřování sortimentu navazujících výrobků jako bižuterie a umělecké předměty. Drží stabilní prodej svých výrobků do Brazílie, Itálie, Mexika a

8

Zpráva o rozvoji hospodářské a obchodní spolupráce mezi provincií Zhejiang
a Českou republikou v rámci iniciativy „Pás a stezka" (2018)

dalších více než deseti zemí.

2. Sunkiss Healthcare (Zhejiang) Co., Ltd.

Společnost oficiálně vstoupila na trh v roce 2013. Základem byla společná investice firem Bardiss Co., Ltd. a Hangzhou Zhenqi Sanitary Products Co., Ltd. v hodnotě 25 mil. USD. Společnost se zabývá výrobou papírových výrobků. V poslední době se již stala známým exportérem města Hangzhou, řízení podniku bylo ohodnoceno známkou A na stupnici čínské celní správy (nejvyšší je známka AA). Společnost rovněž disponuje technologickým centrem pro malé a střední podnky této provincie a byla zavedena nová výrobní linka italské výroby. Stala se jedním z největších center výroby produktů osobní zdravotní péče v Číně.

3. Wenzhou Qinfeng Electric Heater Technology Co., Ltd.

Založena panem Lin Guoguang, krajan žijící v ČR a firmou Wenzhou Tianma Trade Co., Ltd na základě společné investice v hodnotě 20 mil. USD. Zabývá se převážně výrobou domácí elektroniky.

B. Firmy z provincie Zhejiang investující[1] v ČR

Ke konci prosince 2017 bylo potvrzeno celkem sedmnáct společnosti z provincie Zhejiang, které v ČR investují. Celkový objem investic dosáhl 30,88 mil. USD, z toho investice čínské strany dosáhly 30,34 mil. USD. Investováno bylo do železnice, lodní přepravy, letectví a kosmického průmyslu, výroby ostatního dopravního vybavení, průmysl kovových výrobků a velkoobchodního průmyslu a dalších odvětví.

Hlavní investiční projekty většího rozsahu provincie Zhejiang jsou tyto:

1. Hangzhou XZB Tech Co., Ltd.(zkrátka XZB)

17. října 2017 byla Ministerstva obchodu ČLR schválena investice v celkové hodnotě 11,79 mil. dolarů na zřízení stoprocentní dceřiné společnosti v Moravskoslezském kraji, aby XZB vybudoval svou evropskou základnu pro automobilové díly a další mechanické součásti. Je to jeho výrobní základnou v Evropě, jejímž cílem je dále rozvíjet svůj mezinárodní obchod, rychle reagovat na potřeby a poptávku evropských zákazníků a zvyšovat svou komplexní konkurenceschopnost. Tato základna bude vybavena pokročilým moderním výrobním zařízením a sofistikovaným týmem pro zvýšení výrobní kapacity, výzkumu a vývoje a služeb.

2. Skyleader a.s.

28. března 2016 bylo Ministerstvem obchodu ČLR schválen její vznik na

---

1 Objem investic provincie Zhejiang je vypočten podle dostupných statistických údajů

Současná situace: Analýza současného stavu bilaterální hospodářské a obchodní spolupráce mezi Zhejiangem a Českou republikou v roce 2017

9

základě spojení společnosti Wanfeng Aviation Industry Co., Ltd s firmou Direct Fly s.r.o. Investice v celkové hodnotě činí 9,8 mil. USD. Česká firma Direct Fly je jedním z nejznámějších světových výrobců lehkých sportovních letadel a předním výrobcem tohoto druhu letadel v ČR. Má silnou pozici na trhu, ziskovost výrobků je vysoká. Na světě má velký vliv a mnoho zákazníků. Po odkupu Direct Fly společností Wanfeng Aviation Industry byl zaznamenán pokrok v designu, vývoji, výrobě a mnoha dalších aspektech.

22. června 2016 bylo Ministerstvem obchodu schváleno založení společnosti Wanfeng AL Co., Ltd. na základě investice v celkové hodnotě 2,26 mil. USD. Společnost se zabývá převážně výrobou dopravních zařízení. Skupina Wangfeng v ČR vytvořila komplexní plán spolupráce a investic v oblasti letectví. Kromě spojení s Direct fly a založení Wanfeng AL Co., Ltd., Wanfeng Aviation spolupracuje na výzkumu a vývoji, výrobě a službách zákazníkům s mnoha dalšími českými firmami vyrábějící lehká letadla. Wanfeng Aviation prostřednictvím spolupráce s ČR přivede české výrobky a technologie do Číny, učiní výrobu letadel jádrem svých aktivit, vytvoří systém výrobního řetězce a učiní ze skupiny Wangfeng vlajkovou loď průmyslu všeobecného letectví.

3. Logarex Smart Metering s.r.o.

18. září 2015 byla Ministerstvem obchodu schválena investice společnosti Hangzhou Sunrise Technology Co., Ltd (dále Sunrise Technology) v hodnotě 420 tis. USD, na základě které byla odkoupena česká společnost Logarex Smart Metering s.r.o. Tato společnost se zabývá převážně velkoobchodním prodejem. Po dokončení této akvizice se společnost Sunrise Technology stala ve společnosti Logarex, která patří do české skupiny Koh-i-noor, stoprocentním akcionářem. Logarex se také stala její dceřinou společností. Společnost Logarex byla založena v roce 2011 společností Koh-i-noor a specializuje vývoj, výrobu a prodej potřeb energetického odvětví se zaměřením na měření, zpracování a přenos dat (obzvláště elektrické měřící přístroje). Krátce po založení firmy Logarex se Sunrise Technology stala jejím největším dodavatelem. Tato úspěšná akvizice pomáhá společnosti rozšiřovat své zámořský trh chytrých elektroměrů. V poslední době je Sunrise Technology v provincii Zhejiang jedním z největších exportérů do ČR. V roce 2016 exportovala zboží v hodnotě 9,2238 mil. USD a je tedy na třetím místě v provincii.

Kromě výše zmíněných společností, je zde několik investičních projektů, které z důvodu statistické přesnosti nelze započítat mezi investice provincie Zhejiang. Příkladem může být investice společnosti A123 Systems v Moravskoslezském kraji, kde byla v Ostravě postavena továrna na lithiové baterie. Protože společnost A123 Systems patří americké společnosti, nemůže být tato aktivita započítána mezi

10

Zpráva o rozvoji hospodářské a obchodní spolupráce mezi provincií Zhejiang
a Českou republikou v rámci iniciativy „Pás a stezka" (2018)

investice provincie Zhejiang. 2. března 2017 proběhla v nově založené továrně oslava zahájení provozu. Tato továrna je jedním z klíčových projektů v globální strategii společnosti A123 Systems a v budoucnosti má úzce spolupracovat s technologickým centrem A123 Systems v Německém Stuttgartu. V rámci strategického plánu skupiny Wanxiang Group (pod kterou A123 Systems patří) se má Česká republika stát jejím výrobním centrem.

III. Situace v kulturní výměně

Souběžně s tím, jak stát buduje iniciativu "Pásu a stezky", se neustále prohlubuje i bilaterální hospodářská a obchodní spolupráce mezi Zhejiangem a Českou republikou, současně se neustále oživuje též oboustranná kulturní výměna, a to zejména spolupráce v oblasti vzdělávání, cestovního ruchu a kulturních hodnot, nevládní výměny a projektů spolupráce.

A. Spolupráce ve vzdělávání se pragmaticky prosazuje, její formy jsou stále bohatší, spolupráce se neustále prohlubuje

Ke konci června 2017 patřila mezi školy rozvíjející spolupráci Zhejiangu s českými školami v oblasti vzdělávání především Zhejiangská univerzita, Zhejiangská technologická univerzita, Zhejiangská univerzita tradiční čínské medicíny, Zhejiangská univerzita Wanli, Hangzhouská elektrotechnická univerzita, Zhejiangský finanční institut a další vysoké školy, jakož i Vzdělávací group Wenlan Zhejiang. V únoru 2017 podepsala Hangzhouská elektrotechnická univerzita s českou leteckou školou F AIR strategickou rámcovou dohodu o spolupráci, podle níž budou obě strany rozvíjet kooperaci v takových oblastech, jako je společný výcvik studentů, výměnné pobyty učitelů, studentů a zaměstnanců a vědeckotechnická spolupráce v oblasti letectví. V červnu 2017 byla na čtvrtém Fóru pro spolupráci ve vzdělávání mezi čínským Ningbo a zeměmi střední a východní Evropy založena Asociace pro koordinaci odvětvového vzdělávání v rámci iniciativy„Pásu a stezky" a Unie obchodních škol podél Hedvábné stezky, aby se tak dále posunula strategická spolupráce mezi Čínou a zeměmi kolem „Pásu a stezky" v oblasti odvětvového vzdělávání a výchovy vysoce kvalifikovaných hi-tech pracovníků, obchodníků a podnikatelů. Během Fóra Zhejiangská univerzita Wanli spolu s českou Univerzitou v Hradci Králové založily Centrum českého jazyka a kultury a zřídily speciální kurz češtiny pro výchovu odborníků znalých českého jazyka. V červenci 2017, během česko-čínské investičního fóra v Praze podepsala Vysoká škola finanční Zhejiang rámcovou dohodu o spolupráci s Vysokou školou finanční a správní v Praze na prohloubení bilaterální spolupráce. Kromě toho bylo již v červnu 2017 na základě

Současná situace: Analýza současného stavu bilaterální hospodářské a obchodní spolupráce mezi Zhejiangem a Českou republikou v roce 2017

11

registrace ministerstva školství zřízeno Centrum českých studií Zhejiangského finančního institutu, čímž se stalo tak jediným centrem českých studií s oprávněním ministerstva školství v provincii Zhejiang. Toto výzkumné centrum se věnuje především studiu spolupráce Zhejiangu s Českou republikou v oblasti obchodu, vzdělávání, finančnictví atd., posiluje tím společný vědecký výzkum Zhejiangu a ČR, rozvíjí svou roli jako think tank, podporuje bilaterální hospodářskou spolupráci a kulturní výměnu. Odbor obchodu provincie Zhejiang navíc spolu s provinčním Odborem školství uspořádl v říjnu 2017 v Brně mezinárodní vzdělávací veletrh formou „výstavy uvnitř výstavy". V současnosti se již k účasti přihlásilo přes 70 osobností a 33 vysokých škol včetně Zhejiangské univerzity, Zhejiangské technologické univerzity, Zhejiangské pedagogické univerzity, Ningboské univerzity, Elektrotechnické univerzity v Hangzhou, Zhejiangské polytechnické University, Zhejiangské obchodní univerzity, Zhejiangské zemědělské a lesnické univerzity, Wenzhou Lékařské univerzity, Zhejiangské univerzity finance a ekonomiky, Zhejiangské univerzity vědy a techniky, Zhejiangské univerzity médií a komunikace a Zhejiangské hudební akademie. Co se týče zahraničních studentů, údaje Odboru školství provincie Zhejiang ukazují, že v současné době studuje v Zhejiangu 86 studentů z České republiky; předpokládá se, že bilaterální výměna učitelů a studentů v roce 2017 překročil počet 150 lidí. Spolupráce ve vzdělávání mezi Zhejiangem a ČR bude i nadále posilovat.

B. Objem cestovního ruchu vykazuje prudký růst, budoucnost spolupráce v oblasti turismu je nadějná

Souběžně s tím, jak postupuje iniciativa „Pásu a stezky", neuvěřitelně stoupá i počet čínských turistů navštěvujících Českou republiku. Podle statistik Správy cestovního ruchu ČR se počet čínských turistů v ČR z původního 1,7 milionu lidí v roce 2007 vyšplhal do roku 2013 rychle na 18 milionů; v roce 2016 se již nafoukl na 354 000 turistů a odhaduje se, že v roce 2017 by měl počet čínských turistů pobývajících v České republice dosáhnout až 50 miliónů. „Zpráva o trendech v turistice do Evropy v první polovině roku 2017", kterou v červenci 2017 zveřejnil Čínský institut pro výzkum turismu společně se státními cestovními agenturami CITS a Huayuan, ukazuje, že u čínských turistů je Česká republika mezi evropskými zeměmi v oblibě na 10. místě, tempem růstu jejich počtu se řadí na druhé místo a Praha je šestou nejoblíbenější destinací mezi městy. V zájmu rychlého rozvoje čínsko-českého cestovního ruchu do prosince 2017 zahájila Čína provoz čtyř přímých leteckých linek z Prahy do Pekingu, Šanghaje, Chengdu a Xian. Zhejiang rovněž aktivně podporuje rozvoj turismu mezi Zhejiangem a ČR, ve dnech 5. a 13. června 2017 byla z Ningbo pokusně vypravena dvě turistická charterová letadla do Prahy. Zhejiang současně v ČR aktivně propaguje též vlastní bohaté zdroje

12

Zpráva o rozvoji hospodářské a obchodní spolupráce mezi provincií Zhejiang
a Českou republikou v rámci iniciativy „Pás a stezka" (2018)

cestovního ruchu; v říjnu 2016 pořádal v Česku propagační akci na podporu turistiky s názvem „Když se Zhejiang potkává s Českou republikou – Poetický a malebný Zhejiang 2016". Jak Zhejiang tak Česká republika mají nepřeberné množství vysoce kvalitních zdrojů v oblasti cestovního ruchu, což nabízí dobré vyhlídky pro budoucí spolupráci v oblasti cestovního ruchu mezi oběma stranami.

C. Formy kulturní výměny v oblasti hudby, filmu atd. jsou stále bohatší a kontakty na nevládní úrovni stále živější

V říjnu 2016 podepsala Skupina pro rozhlasové televizní vysílání provincie Zhejiang s českou mediální společností Empresa Media Group memorandum o spolupráci a společně uspořádaly týden čínských televizních dokumentů „Poetický a malebný Zhejiang", kdy se v České republice vysílaly tak vynikající dokumenty jako „Západní jezero", „Qiantang", „Hangzhou" a další. Během tohoto televizního týdne uspořádal Orchestr lidové hudby Zhejiangské hudební akademie v České republice zvláštní představení, kde zahrál melodie jako „Voda teče z vysokých hor", „V obklíčení (Klan létajících dýk)", „Měsíční odraz v Druhém prameni", „Jasmínový květ" a jiné, jimž se dostalo výborné společenské odezvy. Kromě toho Hangzhouské filmové ateliéry Jiaping společně s českou společností Twin Star Film vyprodukovaly film „Peříčko se vznáší k nebi" (Feather flies to the sky), jenž zobrazuje historii obchodního podnikání v Yiwu. Zábavná reality show „Brácho, utíkej" (Running Man), která je v Číně značně oblíbená, si v roce 2017 vybrala Českou republiku jako místo pro natáčení závěrečného dílu série, kde se jí dostalo nejenom značné podpory z české strany, ale získala rovněž velký společenský ohlas. V červnu 2017 se Česká republika zúčastnila Veletrhu investic a obchodní výměny mezi Čínou a zeměmi střední a východní Evropy jako čestný host, kde kromě organizování Semináře o možnostech hospodářské a obchodní výměny mezi Čínou a ČR úspěšně uspořádala i řadu propagačních aktivit jako slavnostní otevření českého pavilonu, Českou noc, propagování české hudby a české kuchyně a další akce, které přilákaly velký počet vzácných hostů i běžných návštěvníků, díky čemuž se široká veřejnost lépe seznámila s českými zvyklostmi a kulturními tradicemi. Kulturní výměna je efektivní cestou k posilování vzájemného porozumění mezi Zhejiangem a ČR, jejíž role v prohlubování základny pro bilaterální spolupráci nemůže být nahrazena.

IV. Analýza a výhledy

Chceme-li objektivně hodnotit zhejiangsko-českou spolupráci, musíme nejen správně pohlížet na reálný základ bilaterální obchodní a hospodářské spolupráce, rovněž tak si musíme být plně vědomi strategického významu a obrovského

Současná situace: Analýza současného stavu bilaterální hospodářské a obchodní spolupráce mezi Zhejiangem a Českou republikou v roce 2017

13

rozměru budoucí spolupráce. Od roku 2013 se dvoustranné vztahy výrazně proměnily a rychle zlepšovaly, což nabídlo zhejiangsko-české hospodářské a obchodní spolupráci plno příležitostí, je však přirozené, že tyto příležitosti budou po jistou dobu provázet praktické problémy.

A. Omezující faktory

V současné době, a to navzdory aktivní podpoře obou vlád, stále nejsou data o bilaterálním obchodu a investicích ideální, ani tendence k rychlému růstu se dosud nepotvrdila, což naznačuje, že obě strany musí dále rozvíjet mechanismy na podporu obchodu a investic na základě skutečných potřeb průmyslu a trhu. Toto je ovlivňováno především několika následujícími faktory:

1. Po dlouhou dobu nebyly Zhejiang a Česká republika hlavními obchodními a investičními partnery, na obou stranách proto chybí vzájemné pochopení a reálný efekt obchodní výměny i investic se vyznačuje jistým časovým zpožděním.

Výsledky výzkumu, prováděného výzkumníky našeho střediska v roce 2016 ve 126 zhejiangských podnicích ukazují, že absolutní většina zhejiangských podniků výrazně postrádá pochopení pro českou situaci a má minimální znalost předností českého průmyslu, investiční politiky a právního prostředí. Samozřejmě, že tento nedostatek pochopení nevede k ochotě spolupracovat a chybějící touha po spolupráci zajisté nemůže vést ke skutečně efektivnímu partnerství.

2. Dlouhodobě formovaná, proexportně orientovaná cesta hospodářského vývoje České republiky je silně závislá na Evropské unii, což do určité míry ovlivnilo i rychlost rozvoje zhejiangsko-české spolupráce.

Česká republika je od svého osamostatnění v roce 1993 stále výrazněji závislá na trhu EU. Jak ukazují údaje Českého statistického úřadu, v roce 2016 dosahoval český export do 28 zemí Evropské unie až 83,4% celkového objemu českém exportu, čímž se Česká republika mezi členskými státy EU dostala na třetí místo po Slovensku a Lucembursku. V roce 2016 představoval celkový objem českého vývozu do Číny pouze 1,917 miliardy USD, přičemž za stejné období český vývoz do Německa dosáhl hodnoty 52,686 miliard USD; tento obrovský sedmadvacetinásobný rozdíl odráží dlouhodobě rozdílný stupen závislosti Česka na obou velkých trzích – čínském a evropském. Z tohoto důvodu, chceme-li změnit podstatu českého trhu, ať už jde o závislost na evropském trhu u podniků nebo spotřebitelů, musíme postupovat krok za krokem, rozhodně se to nezmění přes noc.

3. Dlouhá řada konkrétních praktických obtíží v bilaterálním obchodu a investicích brzdila rozvoj zhejiangsko-české hospodářské a obchodní spolupráce.

Co se týče obchodní výměny, rozsah zhejiangského dovozu a vývozu je relativně malý, politická podpora bilaterálního obchodu postrádá dostatečně silnou oporu; vývoz výrazně převyšuje dovoz a přebytek obchodní bilance může lehce vést k obavám z ochranářských praktik. Co se týče struktury produktů obchodní výměny, rozšíření objemu výměny spotřebního zboží postrádá na trhu jakoukoliv podporu, přičemž rozšíření objemu výměny kapitálového zboží je závislé na podpoře vzájemného spojovacího mechanismu mezi obchodní výměnou a investicemi; v současnosti ještě žádná ze stran tento mechanismus nevytvořila.

Co se týče investic, neexistuje-li dostatečně velký objem obchodní výměny, postrádají pak podnikové investice znalost trhu a směr investování; pro některé zhejiangské podniky, které mají zájem o rozšíření na české nebo evropské trhy, je investování v ČR rovněž ovlivněno takovými problémy, jako je jazyková bariéra, vízová omezení či potíže s náborem zaměstnanců. Česká strana přikládá větší význam přilákání čínského kapitálu do ČR, jenž by vlil do české ekonomiky novou vitalitu; chybí zde jasně definovaná pobídková politika pro investování českého kapitálu v Zhejiangu, v Česku rovněž chybí více takových velkých podniků jako Škoda, které by se mohly v Zhejiangu uchytit, proto jsou dva velké průmyslové parky pro čínsko-českou spolupráci, Zhejiangem prosazované, při hledání investorů v současnosti pod velkým tlakem a je velice obtížné získat velké projekty, které by byly na opravdu vysoké odvětvové úrovni, mohly by hodně zvýšit příjem z místních daní a podpořit modernizaci místního průmyslu. Řešení těchto praktických problémů si rovněž vyžádá nějaký čas.

4. Na pozadí ekonomické globalizace nemohou soudobé statistické metody komplexně a objektivně odrážet stupeň ekonomické závislosti dané oblasti.

Nadnárodní společnosti investující v zahraničí mají tendenci plně využívat investic, daní či finančních politik vlastních i hostitelských zemí, proto se mateřské země jejich specifických investičních projektů neomezují pouze na státy, v nichž sídlí firemní ústředí. Například Zhejiang Wanxiang Group investovala v České republice 30 milionů USD k založení výrobny lithiových baterií prostřednictvím akvizice americké společnosti A123, což se nedá počítat jako zahraniční investiční projekt Zhejiangu v České republice, ani se její objem obchodu realizovaný na evropském trhu nemůže zahrnout do statistik pojednávajících o obchodní výměně Zhejiangu s Českem či Evropou; ale výskyt takových projektů nepochybně zvýšil vzájemnou závislost obou ekonomik. Obdobné „nepravé" statistické údaje existují i v oblasti obchodní výměny, neboť zbožová výměna obvykle využívá ke vstupu na jednotný trh Evropské unie nejbližší přístupový bod, takže čínské importní zboží používané v Česku mohlo být odbaveno třeba s polským celním prohlášením, tudíž se tyto údaje celních statistik o obchodní výměně nemohou zahrnovat do objemu obchodní výměny mezi Zhejiangem a ČR.

Současná situace: Analýza současného stavu bilaterální hospodářské a obchodní spolupráce mezi Zhejiangem a Českou republikou v roce 2017

15

B. Výhledy do budoucna

Ačkoliv výše uvedené údaje ukazují, že rozsah současné zhejiangsko-české spolupráce je malý a její základna slabá, s neustálým prohlubováním vzájemného porozumění je stále patrnější i strategický význam a rozšiřování sféry zhejiangsko-české spolupráce. Zhejiang coby vynikající představitel čínské otevřené ekonomiky se vyznačuje znamenitou tradicí racionálního pragmatismu a reformních inovací, má výhodu předních průmyslových podniků a zřejmou výhodu „zhejiangských obchodníků ze zámoří", má též poměrně rozvinutou základnu otevřené ekonomiky, tudíž v procesu formování iniciativy „Pásu a stezky" na sebe přebírá další závazky a přispěje další přínosy. Aby se dále podpořila zhejiangsko-česká spolupráce, neměl by se zhejiangský pohled omezovat pouze na rozšiřování objemu obchodní výměny, zvyšování váhy investic a oživování kulturní výměny, ale měl by aktivněji zkoumat několik následujících oblastí strategického významu a dalekosáhlého vlivu:

1. Posilovat budování komunikačního mechanismu pro politický dialog a podporovat oboustrannou politickou komunikaci, která by obchodní a ekonomické spolupráci poskytla příznivé politické prostředí.

Na vládní úrovni již byla oficiálně vytvořen pracovní mechanismus Zhejiangsko-české společné pracovní skupiny, jenž se efektivně realizuje. Vlády obou zemí podepsaly „Memorandum o uzavření partnerství mezi lidovou vládou provincie Zhejiang a Asociací krajů České republiky" a „Memorandum o porozumění o posílení hospodářské a obchodní spolupráce mezi lidovou vládou provincie Zhejiang Čínské lidové republiky a Ministerstvem průmyslu a obchodu České republiky". Současně obě strany k aktivnímu rozšiřování komunikačního dialogu ve sféře vládních záležitostí využívají takové platformy jako Fórum pro rozvoj obchodu, Summit primátorů měst, Dialog o spolupráci v oblasti kontroly kvality či Fórum celní spolupráce, které byly vytvořeny během Veletrhu investic a obchodní výměny mezi Čínou a zeměmi střední a východní Evropy. I v budoucnosti musí jak Zhejiang tak ČR neustále zlepšovat mechanismus komunikačního dialogu mezi jednotlivými vládními odbory, podporovat efektivní komunikaci a pragmatickou spolupráci v takových oblastech jako je obchod, věda a technika, školství, turistika či celní správa, a vytvořit tak politický komunikační systém na mezivládní úrovni.

Na úrovni trhu již Zhejiang a ČR vytvořily nosiče pro řadu takových projektů na podporu bilaterální spolupráce a výměny, jako jsou například aktivity s tematikou Zhejiangu v rámci Česko-čínského investičního fóra, vlastní expozice Zhejiangu na Mezinárodním strojírenském veletrhu v Brně, Veletrh investic a obchodní výměny mezi Čínou a zeměmi střední a východní Evropy, Česko-zhejiangský mezinárodní průmyslový park v Ningbo, Česko-zhejiangský průmyslový park broušeného křišťálu v Pujiangu či „Městečko letectví" ve Wanfengu u Xinchangu atd. Budoucí komunikační mechanismy a nosiče zhejiangsko-české spolupráce na úrovni podniků či trhů budou stále různorodější, mezi průmyslovými svazy, obchodními organizacemi, podniky a ostatními organizacemi se vytvoří víceúrovňová, trojrozměrná komunikace jako významná součást výstavby oboustranného komunikačního mechanismu. S neustálým zlepšováním komunikačního mechanismu se bude dále prohlubovat obsah vzájemné komunikace, čímž se podpoří další pokračování bilaterální hospodářské a obchodní spolupráce, její zdravý a systematický rozvoj.

2. Vysoce strategickým a systematickým projektováním zaměřeným na „Pás a stezku" i proměnou Zhejiangu a ČR v „klíčové uzly" nového otevřeného ekonomického systému se realizuje pokrytí centrální oblasti „otevřeného kanálu mezi Zhejiangem a ČR", s očekávaným efektem působení na země a regiony ležící kolem těchto klíčových uzlů.

Strategický systém zhejiangsko-české spolupráce by se neměl omezovat pouze na konkrétní spolupráci v takových tradičních oblastech jako obchod, investice či kulturní výměna, ale by měl být založený spíše na systematické kooperaci a modelové inovaci konkrétních oblastí spolupráce, na aktivním zkoumání propojení (dokování), zprostředkování a vzájemných výhod tohoto otevřeného systému, jehož klíčovými uzly na obou koncích jsou Zhejiang a ČR, spojené přes oblasti ležící mezi nimi a působící na okolní země a regiony, čímž se realizuje inovativní praxe „otevřeného kanálu mezi Zhejiangem a ČR" postavená na iniciativě „Pásu a stezky", Internetu plus a požadavcích nové ekonomiky; je to příklad transformace vzájemného obchodu, vzájemného budování a vzájemného sdílení nově otevřené hospodářské platformy mezi Čínou a zeměmi světa. S postupným prohlubováním bilaterálních kontaktů a komunikace jsou podněty a nápady na úroveň strategické spolupráce ze strany obou vlád stále zřetelnější, systematičtější a výhledově zaměřené strategické plánování na nejvyšší úrovni otevírá pro zhejiangsko-českou ekonomickou spolupráci ještě širší prostory, takže vzájemná spolupráce může vstoupit do nové etapy intenzivního vývoje. Model kooperace „uzel – kanál" jako nezbytný prvek mezinárodní vysoce kvalitní produkce poskytne živý příklad regionálnímu klastru kolem uzlů, regionálním ekonomikám na území mezi Zhejiangem a ČR nabídne novou platformu k příležitosti zapojit se do iniciativy „Pásu a stezky", pro spolupráci dvou velkých trhů, čínského a evropského, vytvoří nový kanál a pro výstavbu nového otevřeného čínsko-evropského ekonomického systému provede aktivní průzkum.

V současné době již Zhejiang vytvořil základní rámec pro posílení zhejiangsko-české hospodářské a obchodní spolupráce: jeho základním kamenem je

Současná situace: Analýza současného stavu bilaterální hospodářské a obchodní spolupráce mezi Zhejiangem a Českou republikou v roce 2017

17

politická komunikace a kulturní výměna, jeho opěrnou platformou je česká stanice na „Pásu a stezce" a takové průmyslové parky pro spolupráci se zahraničními podniky uvnitř Číny jako jsou Čínsko-český mezinárodní průmyslový park v Ningbo či Čínsko-český průmyslový park broušeného křišťálu v Pujiangu, jeho pojítkem jsou čínské a evropské vlakové spoje na nákladní lince Yiwu-Xinjiang-Evropa, jeho klíčovou oblastí průmyslové spolupráce jsou taková pokročilá odvětví zpracovatelského průmyslu jako je letectví, automobilový průmysl, strojírenství, elektrotechnický a elektronický průmysl, dále takové obory nové ekonomiky a nového finančnictví jako je přeshraniční elektronický obchod, internetové bankovnictví a mobilní platby, internet věcí a inteligentní města, což vše napomáhá rozvíjet obchodní kontakty mezi Zhejiangem a Českem, podporuje investice a kulturní výměnu a hledání nového otevřeného systému pro oba „klíčové uzly", aby bylo dosaženo oboustranně výhodné spolupráce Zhejiangu s Českou republikou.

3. Realizovat ekonomické trendy „Internetu plus", rozvíjet spolupráci v takových oblastech, kde má Zhejiang a ČR technologickou převahu, jako je přeshraniční elektronické obchodování, internetové bankovnictví a mobilní platby, internet věcí a inteligentní města, a proměnit je ve specifický vrchol zhejiangsko-české spolupráce.

V oblasti přeshraničního elektronického obchodování působí v Zhejiangu světově vlivná společnost Alibaba, která v červnu 2016 podepsala s českou vládní agenturou na podporu obchoduCzechtrade memorandum o spolupráci při společném organizování kampaně „konvergence Česka". V listopadu 2016 podepsání projektu Čínsko-český mezinárodní průmyslový park v Ningbo a Čínsko-východoevropského parku poštovních a elektronických obchodních služeb v Ningbo dále posunulo bilaterální spolupráci v oblasti přeshraničního elektronického obchodování. V červenci 2017 posílil interakci na českém trhu též další přeshraniční podnik elektronického obchodování, a to NetEase Koala. V budoucnosti se bude spolupráce Zhejiangu s Českou republikou v oblasti přeshraničního elektronického obchodování i nadále prohlubovat, do zhejiangsko-české spolupráce v přeshraničním elektronickém obchodování se společně zapojí ještě více podniků na platformě přeshraničního obchodování, logistických, technologických, dopravních a dalších podpůrných služeb, což nutně povede k tomu, že množství malých a středních podniků zahraničního obchodu rozšíří svůj obchodní záběr.

V oblasti internetového bankovnictví a mobilních plateb je Zhejiang čínským předvojem a Čína je v tom světovou jedničkou. V současné době má už Alipay v České republice přístup do asi 40 podniků, nacházejících se především v Praze na Starém Městě, pokrývajících obchody, stravovací a ubytovací zařízení, muzea, vyhlídkové autobusy atd., od zahájení provozu průměrný denní počet transakcí

18

Zpráva o rozvoji hospodářské a obchodní spolupráce mezi provincií Zhejiang
a Českou republikou v rámci iniciativy „Pás a stezka" (2018)

vytrvale roste, jedna transakce v průměru činila asi 1200 RMB. V červenci 2017 Ant Financial Group vyrazil opět na studijní cestu do České republiky, v budoucnu se tedy spolupráce České republiky a Zhejiangu v budování bezhotovostní společnosti bude nadále prohlubovat.

Co se týče oblastí internetu věcí a inteligentního města, provincie Zhejiang disponuje těmito společnostmi: Hangzhou Hikvision Digital Technology Co., Ltd. a Zhejiang Dahua Technology Company Limited, které zabírají přední místa na světovém trhu s bezpečnostními kamerovými systémy podle indexu výzkumné agentury IHS. Důležití dodavatelé IoT systémů a řešení v oblasti chytrých produktů jako například Lierda Science & Technology Group Co., Ltd. Důležití dodavatelé řešení a provozních služeb v oblasti Smart City a Smart Business Park jako například Zhejiang Zhengyuan Zhihui Technology Co., Ltd. Spolupráce mezi ČR a provincií Zhejiang v oblasti IoT a Smart City má velký potenciál k dalšímu rozvoji. Spolupráce klíčových společností angažujících se v této oblasti také napomůže dalšímu rozvoji předcházejících a navazujících výrobních odvětví.

V naději na rozvoj zhejiangsko-české ekonomické spolupráce přikládají obě vlády velký význam zajištění stabilní politické podpory pro bilaterální hospodářskou a obchodní výměnu; globální operace řady nadnárodních společností jako Wanxiang Group, Wanfeng Auto Holding Group, CHINT Group a dalších budou řídit hospodářskou a obchodní kooperaci Zhejiangu s Českem v letectví, výrobě automobilů, strojírenství, elektrovýrobě, elektronice a dalších pokročilých výrobních odvětvích, přičemž „odcházení ven" promění v „přitahování domů", což prospěje rozvoji podniků na začátku i na konci řetězce; mohutný rozvoj takových podniků ze sféry nové ekonomiky či finančního sektoru jako je Alibaba nebo Technologie Dahua bude nepřetržitě expandovat do nových oblastí spolupráce mezi Zhejiangem a ČR; může se tím podpořit nejenom iniciativa „Pásu a stezky", ale též zapojení mnoha podniků vysokých technologií, což již přineslo inovaci modelu obchodní a investiční spolupráce u řady výrobků a služeb postavených na technologiích s typicky soudobou specifikou využívání internetu plus; obě strany budou rovněž podporovat další rozvoj bilaterálního obchodu a služeb v takových oblastech kulturní výměny jako je vzdělávání, turismus, film a televize, zábava a umění. Tudíž se vyplatí počkat si na budoucí zhejiangsko-českou hospodářskou a obchodní spolupráci, kdy se na základě příznivého politického prostředí a kulturní výměny i předností průmyslu, spoléhajícího se na pokročilá výrobní odvětví a novou ekonomiku s novým finančním sektorem, navrhne, vytvoří a realizuje řada významných platforem a projektů.

Výhledy do budoucna:

Analýza strategického

umístění a klíčových oblastí

bilateriální spolupráce

Shrnutí obsahu

◆ **Strategické umístění**

Zhejiangsko-česká spolupráce rozvíjí výhody bilaterální kooperace ve sbližování kultur, ve vzájemném doplňování ekonomiky a obchodu i v otevírání obchodních cest a potvrzuje, že obě strany vzájemně zastávají pozice klíčových uzlů ve výstavbě euroasijského pozemní ho mostu na „Pásu a stezce". Prostřednictvím vzájemného obchodování, vzájemného budování a vzájemného sdílení „otevřeného kanálu mezi Zhejiangem a ČR", vytvoří pro iniciativu „Pásu a stezky" novou otevřenou ekonomickou platformu využívající pokročilých funkcí „Internetu plus" a realizuje tak cíle v propojení systémů, agregaci faktorů, vytváření hodnot a inovaci modelů.

◆ **Návrh rámce spolupráce**

Zhejiangsko-česká spolupráce se opírá o výstavbu komunikačních mechanismů, které pro bilaterální spolupráci zajišťují politickou komunikaci. S využitím české stanice na „Pásu a stezce" a dvou vnitročínských průmyslových kooperačních parků v Ningbo a Pujiangu se realizuje výstavba platformy; s využitím pojítka v podobě čínských a evropských vlakových spojů na nákladní lince Yiwu-Xinjiang-Evropa se dále rozvíjí bilaterální obchod a investice, čímž se pro tuto kooperaci zajišťuje vzájemné propojení. Prostřednictvím tradičních odvětví jako je letecký, automobilový, elektrotechnický a elektronický průmysl, specifických odvětví jako čínská medicína či čínské stravování i prostřednictvím přeshraničního elektronického obchodu, internetových financí a mobilních plateb, internetu věcí a inteligentních měst a dalších rozvíjejících se odvětví „tří linie" je podporována propojení průmyslových odvětví, toky zhejiangsko-české bilaterální obchodní výměny a kapitálového financování. Cestovní ruch, vzdělávání, film a televize, zábava, sport a další bohatství forem napomáhají kulturní výměně a vzájemnému pochopení mezi lidmi na obou stranách.

◆ **Analýza klíčových oblastí**

Vychází ze čtyř aspektů, tj. výstavba komunikačních mechanismů, výstavba platformy, propojení průmyslových odvětví a kulturní výměna. Výstavba komunikačních mechanismů tvoří její základ. Výstavba platformy se hlavně týká české stanice na „Pásu a stezce", nákladních vlakových spojů Yiwu-Xinjiang-Evropa a vnitročínských mezinárodních průmyslových parků atd. Průmyslová integrace zahrnuje vyspělá výrobní odvětví jako letectví, automobily, elektrotechnický a elektronický průmysl, specifická odvětví jako tradiční čínská medicína a čínská kuchyně, pak oblast přeshraničního elektronického obchodu, internet věcí, mobilní platby a internetové finance. V oblasti kulturní výměny se bude očekávat kooperace ve sféře vzdělávání, cestovního ruchu, kultury, sportu, zábavy a další.

Provincie

Zhejiang se v dějinách vždy vyznačovala silnou tradicí odvážně se otevřít a inovovat, je v Číně předvojem politiky otevření se vůči vnějšímu světu. Léta vytvořila zjevné „Zhejiangské výhody": flexibilní mechanismus, rozvinuté soukromé podniky, bohatý průmyslový kapitál, konkurenceschopná masivní ekonomika a profesionální trh. „Obchodníci z Zhejiangu" jsou rozptýleni po celém světě. Vyrojila se tu i řada vlivných soukromých podniků v globálním měřítku. Rok 2013 předložila Čína iniciativu „Pás a stezka", kdy Zhejiang právě začala nové kolo na zvýšení úrovně a efektivnosti otevření se světu. Tak prozkoumání cesty orientované na výstavbu iniciativy „Pásu a stezky" se stala jádrem a zázemím místního ekonomického rozvoje v nové éře. Spolupráce s Českou republikou v tomto směru představuje důležitou součást výstavby nového kola otevření se světu provincie Zhejiang, což to nejen podporuje integraci stávajících průmyslových odvětví, ale také reflektuje strategické myšlení o propojení otevřených systémů Zhejiangu s ČR v době „Internet plus", je rovněž průzkumná praxe odrážející charakteristiku doby „Internet plus" tj. otevřenost, inkluzivita, ekologie a altruismus. Proto dobře znát strategické umístění Zhejiangsko-české spolupráce bude mít vědeckou hodnotu i pragmatický význam pro návrh rámce prospektivní a systematické spolupráce obou stran.

I. Strategické umístění

Zhejiangsko-česká spolupráce rozvíjí výhody bilaterální kooperace ve sbližování kultur, ve vzájemném doplňování ekonomiky a obchodu i v otevírání obchodních cest a potvrzuje, že obě strany vzájemně zastávají pozice klíčových uzlů ve výstavbě euroasijského pozemní ho mostu na „Pásu a stezce". Prostřednictvím vzájemného obchodování, vzájemného budování a vzájemného sdílení „otevřeného kanálu mezi Zhejiangem a ČR", vytvoří pro iniciativu „Pásu a stezky" novou otevřenou ekonomickou platformu využívající pokročilých funkcí

„Internetu plus" a realizuje tak cíle v propojení systémů, agregaci faktorů, vytváření hodnot a inovaci modelů (Obrázek 2-1).

Zhejiang a Česká republika prostřednictvím budování otevřeného kanálu, ekologické symbiózy, společného působení a vzájemné prosperity usilují o to, aby se čínsko-evropský obousměrný ekonomický a obchodní tok, výměny lidí, logistika, kapitály, informace a inovační zdroje koncentrovaly v Zhejiangu a ČR, a ty budou působit i na okolní regiony k dosažení interoperability a společného budování a sdílení. Zhejiang může pomocí pozici „klíčových uzlů" České republiky navázat „otevřený kanál mezi Zhejiangem a ČR", opírat se o platformu jako je česká stanice na „Pásu a stezce" a vlakové spoje na nákladní lince Yiwu-Xinjiang-Evropa, vytvoří v evropském trhu hodnoty díky svým tradičním silným stránkám jako masivní ekonomika, profesionální trh a další. Současně s využitím nové převahy Zhejiangu v „Internet plus" rozvíjí spolupráci s Evropou v oblastech přeshraničního elektronického obchodování, internetového bankovnictví a mobilních plateb, internetu věcí a inteligentního města. Při realizaci výstavby „Pásu a stezky" se zvyšuje jednak kvalita otvírání se světu Zhejiang, taky učiní Česko výstavním centrem pro „inteligentní Zhejiang", Čínsko-evropským ekonomickým a obchodním klastrem a ekonomickým centrem „Internet plus".

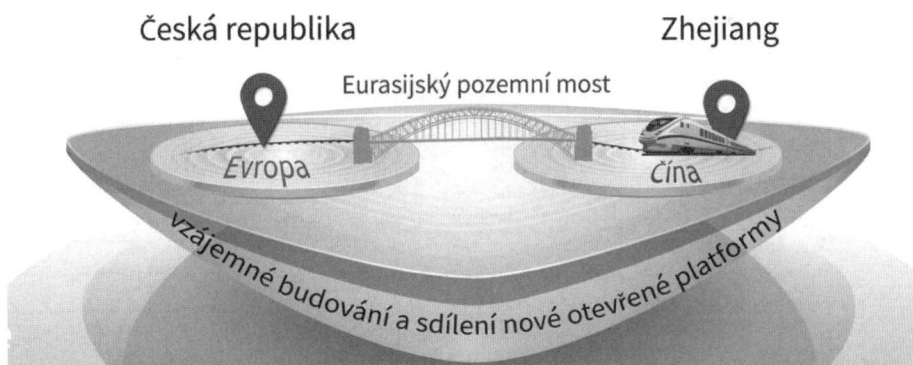

Obrázek 2-1   Strategické umístění Zhejiangsko-české spolupráce

II. Návrh rámce spolupráce

Zhejiangsko-česká spolupráce je orientovaná na budování „Pásu a stezky"; k realizaci komplexní a hluboké spolupráce, jejímž cílem je dosáhnout propojení otevřených ekonomických systémů Zhejiangu a České republiky, je potřeba strategicky, perspektivně a globálně plánovat na nejvyšších úrovních, zvažovat reálné výhody, ale také klást důraz na dlouhodobou kulturní výměnu; zdůrazňovat

24

Zpráva o rozvoji hospodářské a obchodní spolupráce mezi provincií Zhejiang
a Českou republikou v rámci iniciativy „Pás a stezka" (2018)

integraci průmyslových odvětví, ale klást též důraz na výstavbu komunikačních mechanizmů a oporné platformy; na základě současného stavu zhejiangsko-české spolupráce reagovat na skutečné potřeby obou trhů a současně dobře poznat potenciál bilaterální spolupráce i prorážet do nově vznikajících výhodných oblastí.

A. Celkový rámec

Zhejiangsko-česká spolupráce se opírá o výstavbu komunikačních mechanismů, které pro bilaterální spolupráci zajišťují politickou komunikaci. S využitím české stanice na „Pásu a stezce" a dvou vnitročínských průmyslových kooperačních parků v Ningbo a Pujiangu se realizuje výstavba platformy; s využitím pojítka v podobě čínských a evropských vlakových spojů na nákladní lince Yiwu-Xinjiang-Evropa se dále rozvíjí bilaterální obchod a investice, čímž se pro tuto kooperaci zajišťuje vzájemné propojení. Prostřednictvím tradičních odvětví jako je letecký, automobilový, elektrotechnický a elektronický průmysl, specifických odvětví jako čínská medicína či čínské stravování i prostřednictvím přeshraničního elektronického obchodu, internetových financí a mobilních plateb, internetu věcí a inteligentních měst a dalších rozvíjejících se odvětví „tří linie" je podporována propojení průmyslových odvětví, toky zhejiangsko-české bilaterální obchodní výměny a kapitálového financování. Cestovní ruch, vzdělávání, film a televize, zábava, sport a další bohatství forem napomáhají kulturní výměně a vzájemnému pochopení mezi lidmi na obou stranách (Obrázek 2-2).

Obrázek 2-2   Rámec Zhejiangsko-české spolupráce

B. Konkretizace obsahu

1. Komunikační mechanismus je zárukou vytvoření víceúrovňové, trojrozměrné soustavy komunikačních mechanizmů zasahujících vlády, podniky a různé společenské organizace, čímž se podpoří bilaterální politická komunikace.

Iniciativně podporujeme výstavbu komunikačních mechanismů, které zajistí prostupnost komunikačních kanálů a podpoří účinnost a vysokou efektivitu zhejiangsko-české bilaterální komunikace. Víceúrovňová, trojrozměrná soustava komunikačních mechanismů by měla zahrnovat alespoň 7 hlavních směrů na dvou úrovních.

Na vládní úrovni by se měl zhejiangsko-český komunikační mechanismus postupně rozvíjet ve třech směrech: 1. reciproční vládní návštěvy na nejvyšší úrovni by měly zřetelně ukázat ochotu spolupracovat, komunikovat klíčové body spolupráce, vyřešit klíčové otázky; 2. zaměřit se na vzájemnou komunikaci mezi odbory pro vládní záležitosti, prohloubit pracovní mechanismy společné pracovní skupiny a realizovat konkrétní body; 3. pro vytvoření oficiální dorozumívací platformy se v současnosti využívá například Veletrhu investic a obchodní výměny mezi Čínou a zeměmi střední a východní Evropy či Česko-čínského investičního fóra, díky čemuž zhejiangsko-český dialog zaznamenává podstatný pokrok.

Na nevládní úrovni by se měly plně rozvíjet čtyři hlavní kategorie: 1. plně rozvíjet roli zhejiangských nadnárodních společností, podporovat pragmatické kontakty a spolupráci mezi významnými subjekty trhu; 2. plně rozvíjet úlohu podnikatelů v cizině původem z Zhejiangu, podporovat dvoustranné hospodářské a obchodní kontakty a kulturní výměnu; 3. rozvíjet úlohu odvětvových sdružení, vědeckých společností a různých občanských organizací, posilovat efektivní komunikaci v konkrétních oblastech; 4. rozvíjet úlohu vysokých škol, výzkumných ústavů a dalších akademických institucí, posilovat spolupráci v oblasti vzdělávání a společný výzkum.

2. Výstavba platformy je klíčovým bodem, díky takovým projektům jako jsou domácí i zahraniční kooperativní průmyslové parky či dopravní a logistická zařízení bude podpořeno vzájemné sdílení obou stran.

Projekt platformy je rámcovým podpůrným projektem ve výstavbě systému, rozvíjí především svou úlohu agregace platforem, Inkubace podnikatelských projektů, výměny modelů, propojování uzlů a tak dále. Výběr projektu platformy bude hrát klíčovou roli v architektuře systému. Zhejiangsko-česká spolupráce se prostřednictvím vytváření kanálů zaměřuje na podporu hluboké průmyslové integrace, rozvíjí roli obou stran jako regionálních uzlů v Číně a v Evropě, podporuje propojení otevřených systémů obou stran. Výběr platformy spolupráce by proto měl koncentrovat potřeby průmyslové integrace doplněné o funkci mezilidské vzájemné komunikace. Pro vzájemné sdílení infrastruktur se musí nejdříve realizovat distribuce, rozdělování, skladování i další základní funkce zboží a hmotných statků; v současné etapě vytváříme platformu pro zhejiangsko-českou spolupráci s využitím domácích a zahraničních průmyslových parků i vzájemných dopravních a logistických infrastruktur, během procesu aplikování platformy vyhledáme nové možnosti pro mechanismus vzájemného obchodování, vzájemného budování a vzájemného sdílení (Obrázek 2-3).

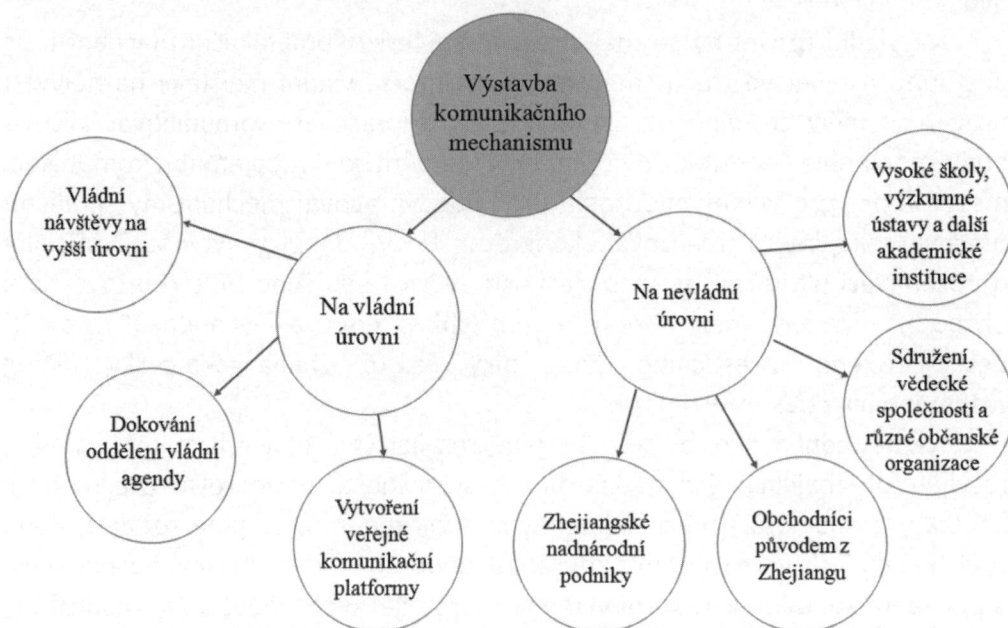

Obrázek 2-3   Bilaterální komunikační mechanismus

3. Propojení průmyslových odvětví je jádrem, s podporou „tří linií", tj. moderní výroby, specializovaných odvětví, nové ekonomiky a nového finančnictví se rozvíjejí toky bilaterální obchodní výměny a kapitálové financování.

Zhejiangsko-česká odvětvová spolupráce je základním kamenem propojení otevřených systémů obou stran. Hloubka a šířka odvětvové integrace je projevem stupně vzájemné závislosti obou ekonomik, která je projevem stupně shody průmyslu a také projevem skutečných zájmů trhu. Pouze pomocí hluboké průmyslové integrace se mohou oba otevřené ekonomické systémy vzájemně propojit. Podle analýzy současného stavu průmyslových odvětví obou stran a studia rozvoje trhu, jsou hlavními oblastmi zhejiangsko-české odvětvové spolupráce taková moderní výrobní odvětví jako je letecký, automobilový, strojírenský, elektrický a elektronický průmysl; specifickou oblastí odvětvové spolupráce je čínská medicína a čínské stravování; nově vzniklými okruhy odvětvové spolupráce je nová ekonomika a oblasti nového finančnictví postavené na internetových technologiích, potenciál je zde tudíž obrovský.

Chceme-li rozvíjet odvětvovou spolupráci, musíme dodržovat tři zásady:

1) Dodržovat vládní pokyny a principy podnikatelských subjektů.

Chceme-li podporovat zhejiangsko-českou spolupráci a vyhnout se přitom agresivní strategii, musíme dodržovat zákony trhu, rozvíjet roli podnikových tržních subjektů, výrazně podporovat a povzbuzovat podniky, aby vycházely ze svých vlastních potřeb, v souladu se zásadou maximalizace výhod a filtrovaného výběru optimálních projektů i nejvhodnějších partnerů pro spolupráci, rozvíjet dominantní postavení trhu při přidělování zdrojů. Vlády mají v tomto procesu dobře působit jako průvodce a servis, vytvářet vhodné politické prostředí, pomáhat podnikům lépe pronikat na trhy a dosahovat rozvoje.

2) Dodržovat zásadu otevřenosti, projektovat zhejiangsko-českou spolupráci ve velkém modelu čínsko-evropské spolupráce, kdy jádrem je vytvoření uzlového postavení Zhejiangu a ČR v rámci čínsko-evropské spolupráce.

Přesné pochopení principu otevřenosti má zásadní význam pro podporu hluboké a komplexní zhejiangsko-české spolupráce. Otevřenost je specifikou doby „Internetu plus", prostřednictvím budování platformy a vytvářením kanálů se dosahuje kombinovaného účinku prospěšného všem typům zúčastněných subjektů, a tak vzniká ekosystém, jenž je výhodný pro všechny. Specifika této éry se neomezuje pouze na rozvoj internetového průmyslu, je to změna v způsobu myšlení a formě chování, je to výzva k „hře s nulovým součtem". Podporovat zhejiangsko-českou spolupráci při dodržování zásady otevřenosti znamená chápat vzor a význam spolupráce přes internet, založit klíčové postavení Zhejiangu a ČR v čínsko-evropské spolupráci, vystavět „otevřený kanál mezi Zhejiangem a Českem", přilákat ke společné účasti příslušné subjekty a vytvořit otevřenou vzájemně výhodnou platformu, do níž se pod dominancí Zhejiangu a ČR zapojí mnoho stran. Proto se termín „zhejiangský" neomezuje pouze na „Zhejiang" a termín „český" se neomezuje jenom na „Českou republiku", zhejiangsko-česká spolupráce je reálným projevem nové otevřené platformy „vzájemného obchodu, vzájemného budování a vzájemného sdílení", vytvořené iniciativou „Pásu a stezky".

3) Dodržovat princip pokrokovosti; průmyslová spolupráce má odrážet pokrok v technologiích, pokrok v koncepcích i pokrok v pracovních režimech,

zaměřovat se na spolupráci v oblasti pěstování nové ekonomiky a nových financí.

V čínské produkci představuje Zhejiang velkou a silnou provincii, v oblasti moderní průmyslové výroby má řadu úspěšných podnikových skupin jako je Wanxiang A123 System Asia, Wanfeng Auto Holding, CHNT a další. Česká republika má nejbohatší průmyslovou základnu ze zemí střední a východní Evropy, má převahu v takových oblastech jako letecký, automobilový, strojírenský, elektrotechnický a elektronický průmysl, proto je ve výrobní oblasti zhejiangsko-česká spolupráce jasně charakterizovaná pokročilými technologiemi. Kromě toho má Zhejiang ještě řadu věhlasných podniků zaměřených na novou ekonomiku a nové finance, jako je Alibaba, Kaola.com, Ant Financial Services Group, Hangzhou Hikvision Digital Technology a Zhejiang Dahua Technology Co. Ltd., tyto podniky se mohutně rozvíjejí na základě technologických inovací „odvětví internetu plus" ve zpracování velkých objemů dat, cloud computingu, AI atd. a jejich globální vliv se neustále zvyšuje. Zahraniční expanze takovýchto podniků přinesla s sebou výrazný jev „vyvážení technologie do zámoří", inovace modelů obchodní a investiční spolupráce na základě technologiemi řízených produktů a služeb se stane významnou oblastí příští zhejiangsko-české odvětvové spolupráce, na kterou je nutno se zaměřit a aktivně ji podporovat.

Pro spolupráci v oblasti pokročilé výroby je klíčovým spojením „technologie + odvětvový řetězec", kde jádro představují pokročilé technologie, zasahující do navazujících průmyslových řetězců, „odcházení ven" se mění v „přitahování domů", klíčové podniky podněcují navazující podniky řetězce k neustále se prohlubující spolupráci a vytvářejí tak efekt vzájemně propojené kooperace.

Pro spolupráci v sektoru nové ekonomiky a nových financí je klíčovým spojením „technologie + obchodní model", kde jádro představují technologie pro zpracování velkých objemů dat a cloud computing, v kombinaci s takovými technologiemi jako umělá inteligence či biometrie se neustále rozšiřuje využívání aplikací nové ekonomiky a nových financí, aby se technologie „Internetu plus" dostaly do stále většího počtu průmyslových odvětví, neustále se tím interpretují oboustranně výhodné inovace obchodních modelů éry „Internetu plus". Stále více společností s technologickými výhodami se mění z poskytovatele jednostranných technologických řešení v systémového integrátora, což vede k zvyšující se mezinárodní spolupráci založené na obchodních modelech. V příští zhejiangsko-české spolupráci se bude význam a vliv této formy mezinárodní spolupráce („technologie + odvětvový řetězec") neustále zvyšovat.

4. Lidská komunikace je základnou, jež vytváří bohatou a širokou škálu příležitostí k vzájemné výměně, zlepšuje porozumění a napomáhá vzájemnému pochopení mezi lidem obou stran.

Důvěra je základním kamenem dvoustranné spolupráce a důvěra vychází z porozumění. Čas od změny čínsko-českých vztahů je poměrně krátký, na obou stranách se stále ještě nedostává hlubokého pochopení; stále ještě se musí prohlubovat povědomí o druhé straně a její uznání. V zhejiangsko-české spolupráci je posílení kulturní výměny základní činností, která může zlepšit pochopení a vzájemnou důvěru; upevnění kooperační základny a podpoře mezilidského porozumění je proto třeba věnovat zvýšenou a trvalou pozornost.

Posilování kulturní výměny se může realizovat různými a početnými formami spolupráce v cestovním ruchu, vzdělávání, sportu, umění a dalších oblastech. Rozvíjejme přednosti Zhejiangu a Prahy v kvalitních zdrojích cestovního ruchu, rozvíjejme propagaci těchto zdrojů, rozšiřujme měřítko bilaterálního turismu; vzájemně vysílejme studenty a akademické pracovníky na výměnné pobyty, rozvíjejme spolupráci ve vzdělávání a vědeckém výzkumu; rozvíjejme výhodnou kooperaci v rozšiřování děl filmové a televizní zábavy a posilujme oblasti komerčních představení, filmové a televizní zábavy atd.; vyměňujme si trenéry, posilujme spolupráci v těch sportovních projektech, v níž obě strany vynikají, například zhejiangský stolní tenis, badminton, plavání atd., či český lední hokej.

5. Propojení systémů je cílem, k němuž vede cesta přes výstavbu „otevřeného kanálu mezi Zhejiangem a ČR" orientovaného na evroasijský pozemní most „Pásu a stezky"; realizace endogenního spojení otevřených ekonomických systémů Zhejiangu a ČR podpoří bilaterální komplexní spolupráci a prohloubí kooperaci.

Zhejiangsko-česká spolupráce není jen kooperací čistě na úrovni průmyslu, ale je praktickým hledáním nových forem bilaterální spolupráce v éře „Internetu plus", je reformou a inovací společně budované a společně sdílené otevřené platformy „Pásu a stezky". Zhejiangsko-česká spolupráce se neomezuje pouze na konkrétní kooperaci v tradičních oblastech obchodu, investic či kulturní výměny, ale Zhejiang i ČR by se měly stát obousměrnými uzly, které by spojovaly oblasti ležící uprostřed a zasahovaly okolní země a regiony, realizovaly otevřenou platformu podle nových ekonomických požadavků „Internetu plus". V procesu výstavby nutno diskutovat o tom, jak dále rozvíjet koncentrované přednosti Zhejiangu, integrovat zdroje všech čínských provincií budujících „Pás a stezku" k zapojení do výstavby „Společného kanálu mezi Zhejiangem a ČR", jenž by sloužil jako kvalitní platforma pro všechny čínské provincie budující „Pás a stezku", rozvíjet úlohu Zhejiangu jako uzlu na čínském trhu; je potřeba analyzovat a zkoumat rozvojové výzvy české strany, stimulovat nadšení české strany pro společnou výstavbu, rozvíjet roli České republiky jako evropského předmostí, aby v oblasti agregace inovačních zdrojů či   rozvržení distribučního řetězce sehrávala

30

Zpráva o rozvoji hospodářské a obchodní spolupráce mezi provincií Zhejiang
a Českou republikou v rámci iniciativy „Pás a stezka" (2018)

důležitější roli. Vytvoření modelu spolupráce „uzel – kanál" poskytne oblastem koncentrovaným kolem uzlů čerstvé příklady mezinárodně výhodných zdrojů, pro účast regionálních ekonomik mezi Zhejiangem a ČR ve výstavbě „Pásu a stezky" poskytne novou platformu příležitostí, pro spolupráci dvou velkých trhů, evropského a čínského, poskytne nové kanály, pro vytváření soustavy nových otevřených ekonomik Číny a Evropy provede aktivní průzkum.

III. Analýza klíčových oblasti

A. Vytváření komunikačního mechanismu

V současné době již byl oficiálně ustaven pracovní mechanismus společné zhejiangsko-české pracovní skupiny, vláda provincie Zhejiang podepsala memorandum o spolupráci s Asociací krajů České republiky a Ministerstvem průmyslu a obchodu ČR, obě strany využívají takových projektů jako je fórum k rozvoji spolupráce vytvořené na Veletrhu investic a obchodní výměny mezi Čínou a zeměmi střední a východní Evropy, summit primátorů měst, dialog o spolupráci v oblasti kontroly kvality, fórum o celní spolupráci a další projekty a aktivně již rozvíjejí komunikační dialog ve sféře vládních záležitostí. Spolupráce mezi podniky, sdruženími a vědeckými společnostmi, organizacemi, vysokými školami a výzkumnými ústavy a dalšími subjekty rovněž vzkvétá, postupně se vytváří víceúrovňový a trojrozměrný obousměrný komunikační mechanismus. V navazující podpoře výstavby je potřeba zaměřit se na pět hlavních oblastí:

1) Prohlubovat pracovní mechanismus společné pracovní skupiny a usilovat o vytvoření standardizovaného pracovního mechanismu skupiny;

2) Pokračovat v podpoře dvoustranných návštěv, posilovat výměnu a komunikaci, zejména při návštěvách na nejvyšší úrovni, což prospívá plné komunikaci v hlavních otázkách;

3) Zaměřit se na podporu výstavby mechanismů pro spolupráci mezi odděleními pro vládní záležitosti, jako je spolupráce odborů pro obchod, clo, obchodní inspekce, věda a technika, vzdělávání, turistika, kultura atd., podepsat memoranda o spolupráci, vytvářet komunikační mechanizmy a posilovat vzájemné propojení v těchto záležitostech;

4) Věnovat pozornost rozvoji úlohy občanských komunikačních kanálů, rozvíjet sílu bilaterálních zhejiangsko-českých nadnárodních společností a zahraničních Číňanů původem z Zhejiangu, prohlubovat mezilidskou komunikaci a posilovat pragmatickou spolupráci;

5) Zaměřit se na rozvíjení rozsáhlých podpůrných funkcí platformy, jako je například Veletrh investic a obchodní výměny mezi Čínou a zeměmi střední a

východní Evropy či Česko-čínské investiční fórum a další, které napomohou k účinné podpoře vzájemné komunikace v různých oblastech.

B. Budování platformy

1. Česká stanice na „Pásu a stezce"

Jedná se o klíčový projekt zhejiangsko-české spolupráce vytyčený provincií Zhejiang v roce 2017 na Česko-čínském investičním fóru, jemuž se dostalo vřelé odezvy z české strany. Česká stanice na „Pásu a stezce" je komplexní systémový projekt, jehož funkcí je sloužit jako „centrální, uzlová a tranzitní stanice", kdy Zhejiang a Česká republika úzce spolupracují na budování ekologického odvětvového řetězce „Pásu a cesty", vytvářejí multifunkční jednotný otevřený komplex koncentrovaný na čínské a evropské nákladní vlakové spoje, logistiku a distribuci, výrobu a zpracování, přeshraniční obchodování, propagaci a výměnu či kulturní spolupráci, navrhují takové konkrétní projekty jako logistické parky, české základny v zahraničí pro elektronické obchodování a skladování, základny pro výrobu a zpracování, jejichž posláním je vytvořit modelový projekt čínsko-evropské všestranné spolupráce a oboustranně otevřenou významnou zhejiangskou platformu v Evropě.

V počáteční fázi se projekt výstavby české stanice zaměřuje na rozvíjení své základní funkce v obchodní logistice, jejímž pojícím prvkem jsou „čínské a evropské spoje na nákladní lince Yiwu-Xinjiang-Evropa" a jádrem je vytvoření inteligentního moderního systému logistických služeb založeného na informatice a pokrývajícího evropský trh, pro čínské a evropské zboží má poskytovat mnohostranné služby jako distribuce, skladování, přerozdělování, doprava a poprodejní servis, čímž se česká stanice stane distribučním centrem, skladovacím a logistickým centrem, jakož i centrem společně sdílených služeb pro čínské i evropské obchodní produkty. V počáteční fázi výstavby české stanice je těžištěm vybudování obchodních logistických funkcí, aby se plně rozvinuly výhody geografické polohy a infrastruktury České republiky. Ve skutečnosti se již oblast Prahy a jejího okolí staly hotspotem pro globální dodavatelské řetězce přeshraničního elektronického obchodování, gigant přeshraničního elektronického obchodování Amazon už v České republice zřídil své skladové logistické a reklamační centrum, logistické centrum v Praze se prostírá na rozloze 200 000 metrů čtverečních. I čínské e-shopy a logistické společnosti již začaly konat, například společnost 4PX Express investovala v jihozápadní části města Prahy do výstavby skladového a logistického centra na rozloze 68 600 metrů čtverečních, které bude uvedeno do provozu koncem roku 2017. Společnost YTO Express (Logistics) právě aktivně plánuje výstavbu svého inteligentního logistického systému v Evropě. Část čínských firem provozujících elektronické obchodování si rovněž v Praze zřídila své sklady. V procesu budování české stanice by se proto měla věnovat pozornost vzájemné kombinaci hardwarové výstavby obchodního logistického parku a vytvoření systému logistických služeb, dále věnovat pozornost integrované české a evropské doručovatelské logistické síti, jejímž centrem by byla česká stanice, budovat inteligentní systém moderních logistických služeb postavených na informačních technologiích, jenž by poskytoval distribuční, skladové, logistické, poprodejní a další přidané služby, a na tomto základě rozšiřovat funkce české stanice ve sféře výroby a zpracování, přeshraničního obchodování a dalších služeb, aby se stala komplexní platformou projektu zhejiangsko-české spolupráce.

2. Čínské a evropské spoje na nákladní lince Yiwu-Xinjiang-Evropa

Pod čínskými a evropskými spoji na nákladní lince Yiwu-Xinjiang-Evropa se myslí železniční dopravní cesta začínající v Yiwu v provincii Zhejiang, která opouští čínské hranice v průsmyku Alashan v Xinjiangu a jede dál na evropské trhy. Tato trasa byla otevřena 23. dubna 2013 a provozuje ji společnost Yiwu Timex Industrial Investment, která již v současnosti zahájila provoz kombinované železniční a námořní dopravy, takže z Yiwu vede osm tras do pěti zemí střední Asie, do Španělska, Íránu, Ruska, Afghánistánu, Běloruska a Lotyšska. V červenci 2017 zahájil železniční spoj mezi Yiwu a ČR a poprvé vyjel spoj na trase Yiwu-Praha, čímž se počet linek zvýšil na devět. Město Yiwu jako jeden z osmi čínských výchozích železničních bodů již bylo zařazeno do „Plánu výstavby a rozvoje vlakového spojení Čína-Evropa (2016–2020)" čínské komise pro reformy a rozvoj. V roce 2017 bylo na trase Yiwu-Xinjiang-Evropa přepraveno celkem 168 vlakových souprav, což ve srovnání s předchozím obdobím představuje nárůst o 84,3%. Od 1. března 2017 se na trati Yiwu-Xinjiang-Evropa realizuje každý týden jeden zpáteční spoj, přičemž průměrná hodnota zboží u takového zpátečního spoje je přibližně 100 000 USD na každý kontejner.

Aby napomáhaly výstavbě české stanice na „Pásu a stezce", musí tyto spoje rozvíjet svou roli pojítka v dopravě, v přepravě na páteřních tratích zvyšovat dopravní kapacity a provozní efektivitu, v přepravě na vedlejších tratích spojovat poskytovatele logistiky a společně budovat síť logistických služeb. V současné fázi se ve výstavbě zařízení musí především vyřešit to, že stávající hardwarová zařízení na nádražích koncových měst těchto tras nemohou uspokojovat potřeby rozvoje vlakových spojení na trase Yiwu-Xinjiang-Evropa ani dalších spojů do střední Evropy. Stávající středoevropské linky využívají jako koncová města většinou rozbočovací centra v zemích Západní Evropy, jako je například německý Duisburg. V současné době však kapacita nádraží takových rozbočovacích měst je téměř nasycená a středoevropské trasy jsou v provozním procesu poměrně značně omezovány tamními správami železničních cest, postrádají tudíž právo na vlastní iniciativu. Pokud se budeme moci opírat o českou stanici na „Pásu a stezce", kdy bude Česká republika centrem, výstavba speciální čínsko-evropské trasy s kolejemi, překládacími zařízeními a skladovacími prostorami zvýší dominanci dopravního procesu a zároveň bude sloužit i dalším čínsko-evropským linkám, čímž se společně podpoří funkční postavení skladovacího a logistického střediska české stanice.

3. Mezinárodní průmyslové parky uvnitř Číny

V současné době patří v provincii Zhejiang k průmyslovým parkům s českou účastí dva parky, a to Čínsko-český průmyslový park v Ningbo a Čínsko-český průmyslový park broušeného křišťálu v Pujiangu.

1) Čínsko-český průmyslový park v Ningbo

Dne 19. června 2016 podepsala vláda provincie Zhejiang s Ministerstvem průmyslu a obchodu ČR Memorandum o hospodářské a obchodní spolupráci, v němž se dostalo jasné podpory projektu výstavby Čínsko-českého průmyslového parku v Ningbo. Podle plánu má být postaven na celkové ploše asi 35 čtverečních kilometrů; vytvořením jeho územního plánu a urbanistického návrhu byl pověřen věhlasný poradní orgán – společnost AECOM z USA; má se stát komplexním mezinárodním průmyslovým kooperačním parkem, jenž bude zahrnovat průmyslovou základnu, obchodní platformu, výměnné mosty a mnoho dalších oblastí, jejichž cílem je vytvořit z něj strategicky významný opěrný bod na „Pásu a stezce" a modelovou platformu mezinárodní i regionální spolupráce.

V současné době již průmyslový park zavedl zvláštní investiční politiku, kdy pomocí série výhodných podmínek jako výhodné pozemkové koncese, dotace na pronájmy, podpora financování, poskytování subvencí atd. zvyšují přitažlivost investiční politiky parku; v parku byl již zřízen daňově chráněný sklad, právě bylo požádáno o zřízení třídírny mezinárodních poštovních zásilek, aby se obchodní výměně poskytly ještě lepší podmínky. V květnu 2017 zmíněný park založil v České republice kancelář pro vyhledávání investorů, vyslal tam první skupinu zaměstnanců a najal českou investiční agenturu, v budoucnu bude plně rozvíjet svou úlohu mostu coby zámořská investiční kancelář a investiční agent, posilovat komunikaci a vztahy se všemi vrstvami tamní společnosti, odvádět dobrou práci při získávání investorů a investic do parku a přitáhnout české konkurenceschopné projekty, aby se v tomto parku usazovaly. V říjnu 2017 Generální úřad lidové vlády provincie Zhejiang schválila výstavbu Čínsko-českého průmyslového parku v Ningbo. 29. ledna 2018 byl průmyslový park oficiálně založen a uspořádali slavnostní podepsání velkých projektů.

Čínsko-český průmyslový park v Ningbo jako odvětvová základna se zaměří

Zpráva o rozvoji hospodářské a obchodní spolupráce mezi provincií Zhejiang
a Českou republikou v rámci iniciativy „Pás a stezka" (2018)

34

na získání takových pokročilých odvětvových projektů, jako je výroba automobilů a automobilových součástek, stroje a zařízení, elektronika, obecné letectví, nové materiály, biotechnologie a další, současně podněcuje místní schopné podniky, aby investovaly do projektů v České republice a okolních zemích střední a východní Evropy a otevíraly trhy. Tento park se jako obchodní platforma zaměřuje na rozvoj přeshraničního obchodu ve východní a střední Evropě a okolních zemích, rozvíjí výstavnictví a prodej, zkušenosti s produkty, reklamu a marketing, logistiku a distribuci i informační poradenství stejně jako lepené sklady, celní kontrolu, účetnictví, právní a jiné podpůrné služby pro odvětvové řetězce, prostřednictvím obchodu jako předvoje má podporovat průmyslové investice. Jako most pro výměnu se bude opírat o příznivé podmínky okolních letišť, která otevřou přímé letecké linky do ČR, prostřednictvím mnoha různých kanálů, jako je přeshraniční spolupráce v oblasti cestovního ruchu, kulturní a umělecká výměna či mezinárodní spolupráce v zakládání škol bude prohlubovat kulturní kontakty a podporovat obchod a investice.

2) Čínsko-český průmyslový park broušeného křišťálu v Pujiangu

Dne 16. října 2016 při slavnostním zahájení 8. veletrhu křišťálového skla předal viceguvernér Liang Liming vývěsný štít Čínsko-českému průmyslovému parku broušeného křišťálu v Pujiangu. V první fázi se plánuje rozloha kolem 850 akrů. Cílem průmyslového parku je výstavba „marketingového centra křišťálového skla pro Čínu a svět", vybuduje se návštěvnické centrum městečka, ulice v českém slohu, výzkumná a vývojová základna, centrály velkých společností, marketingové centrum, kongresové centrum Křišťál, Hotel Křišťál, prostory pro podnikání a inovace běžných lidí a mnoho dalších projektů, kde budou vhodně rozmístěny takové transformační a modernizační prvky jako podnikání, inovace, design, vývoj, vystavování, marketing, prodej, finance a další navazující odvětví, které tvoří kompletní průmyslový ekosystém, čímž vznikne jednotný průmyslový komplex zahrnující design a vývoj produktů z křišťálu, výrobu, industriální turistiku, zkušenosti s produkty a další formáty.

V srpnu 2016 průmyslový park přizval jako senior konzultanta bývalého předsedu vlády ČR a předsedu Asociace pro stavební a technologickou infrastrukturu Nové hedvábné stezky Petra Nečase. Dne 2. října 2016 městská lidová vláda v Jinhua a společnost CEFC China Energy podepsaly strategickou rámcovou dohodu o spolupráci. Dne 26. dubna 2017 lidová vláda okresu Pujiang a CEFC China Energy podepsaly strategickou investiční dohodu o Pujiangském křišťálovém městečku a zvláštní dohodu o investicích do odvětvového fondu. Společnost CEFC China Energy je plně zapojena do výstavby Pujiangského křišťálového městečka (Čínsko-českého průmyslového parku broušeného křišťálu v Pujiangu) a realizuje zde integrované investování do rozvoje a výstavby. Obě strany společně vytvořily fond ve výši 10 miliard RMB; byla vytvořena Rozvojová investiční společnost křišťálového městečka CEFC (Pujiang) s ručením omezeným a současně byl zřízen čínsko-zahraniční podnik (spolupráce) se smíšeným kapitálem rozvíjející výstavbu takových projektů souvisejících s průmyslem křišťálového skla jako výrobní základna či prodejní centrum; aby se tak získaly k usazení se v Pujiangu modelové firmy odvětví a podnítil se růst a rozvoj pujiangských výroben křišťálu. Díky vlivu druhého sídla vedení CEFC China v Evropě byla pro čínsko-český průmyslový park získána věhlasná značka křišťálu, řada projektů spolupráce ve výrobě a prodeji křišťálu je právě v jednání a CEFC China v budoucnu zřídí v průmyslovém parku marketingovou centrálu pro křišťálové zboží. V průmyslovém parku se usadí česká uměleckoprůmyslová škola sklářská a zřídí zde pobočku, kde bude probíhat společná výchova odborníků na výrobu křišťálového skla.

C. Propojení průmyslových odvětví

1. Letectví, automobilový průmysl, strojírenství, elektrický a elektronický průmysl a další vyspělý výrobní průmysl

Česká republika má v Evropě silnou tradici výrobního průmyslu a vlastní mnoho pokročilých technologií v oblasti leteckých technologií a služeb, strojírenství, automobilového průmyslu, chemického průmyslu, ekologických energií a dalších. Automobilový průmysl je v ČR stěžejním průmyslem a zabírá celou čtvrtinu průmyslové výroby. Čtyřicet ze sta světově nejdůležitějších automobilových společností má v současnosti v ČR své investice a pobočky. Letectví je tradičně jedním z nejdůležitějších odvětví ČR, vlastní pokročilé technologie v oblasti výroby civilních, sportovních a malých osobních letounů. Tyto technologie jsou v jejím osobním vlastnictví. ČR je po Německu druhým největším výrobcem letadel a 80% této výroby je exportováno do zemí EU. V současnosti je v ČR sedm hlavních výrobců letadel, mezi nimi společnost Aero Vodochody je největším výrobcem cvičných proudových letounů na světě. Český elektrický a elektronický průmysl má mnoho kladů jako například vysokou přidanou hodnotu, nízkou spotřebu energie nebo malou ekologickou zátěž. Stěžejní jsou vysokonapěťové a informační technologie, výroba audio systémů, elektrických součástek a přístrojů, automatizačních zařízení a další.

Provincie Zhejiang se jako velká výrobní oblast v Číně v posledních letech prosazuje a realizuje „Zhejiangský akční rámec plánu Made in China 2025". Z plných sil se věnovala povzbuzení rozvoje výroby high-end zařízení (inteligentní výroba) a objevily se četné nové úspěšné podniky v oblastech jako letectví, automobilový průmysl, strojírenství, elektrický a elektronický průmysl. Proto by Zhejiang a Česká republika měly zapojit do hry svou konkurenční výhodu, rozvíjet

36

Zpráva o rozvoji hospodářské a obchodní spolupráce mezi provincií Zhejiang
a Českou republikou v rámci iniciativy „Pás a stezka" (2018)

přeshraniční spolupráci výrobní kapacity a podpořit efektivní propojení „Made in China 2025" a „český Průmysl 4,0". V oblasti vyspělé výroby se Zhejiang a ČR velmi vhodně doplňují. Měla by být podporována průmyslová spolupráce na rozvoji společností a firem obou zemí, plně využity pobídky pro zahraniční investory, které nabízí česká vláda a v oblasti pokročilé výroby rozvíjely technologické výměny, zlepšily rozdělení činností v jednotlivých odvětvích průmyslu, posílily sdílení marketingové sítě k dosažení plného a hlubokého propojení odvětví průmyslu.

2. Tradiční čínská medicína, čínská kuchyně a další specifická odvětví

Čínská kultura má dlouhou historii a podstata této tradiční kultury čínského národa je obsažena v tradiční medicíně a stravování; v rámci spolupráce na iniciativě „Pás a stezka" může Zhejiang posílit kooperaci s Českou republikou v takových specifických odvětvích jako je čínská medicína a farmakologie či čínská kuchyně, čímž by se zkrátila kulturní a psychologická vzdálenost mezi zhejiangským a českým lidem.

V posledních letech stále více Evropanů projevuje velký zájem o čínskou medicínu a léčiva, prohlubuje se neustále i pochopení konceptu léčby podle čínské medicíny. Čína a Evropa se v oblasti tradiční čínské medicíny a farmakologie právě posouvají od výměny na úrovni pochopení a komunikace, která zde byla v minulosti, směrem k věcné spolupráci na provozní úrovni. V červnu 2015 vzniklo Centrum tradiční čínské medicíny v krajské nemocnici v Hradci Králové v ČR, což je první instituce čínské medicíny ve střední a východní Evropě podporovaná a zřízená vládami obou zemí. Česká vláda zařadila tradiční čínskou medicínu do systému univerzální zdravotní péče, čímž dále podpořila rozvoj čínské medicíny v České republice. Zhejiangská Univerzita tradiční čínské medicíny podepsala se Západočeskou univerzitou dohodu o spolupráci v rozvíjení těsné kooperace ve vzdělávání, léčení a vědeckém výzkumu v oblasti čínské medicíny, v podporování vzájemné výměny učitelů a studentů a při dalším stimulování rozvoje čínské medicíny v ČR. V současné době existuje v České republice téměř sto léčebných zařízení čínské medicíny, poskytujících akupunkturu, masáže a další rehabilitační léčbu, které mají dobrou pověst v léčbě chronických nemocí a neplodnosti.

Zhejiang může při posilování bilaterální spolupráce s Českou republikou v oblasti medicíny stavět na takových prvotřídních medicínských školách jako je Lékařská fakulta Zhejiangské univerzity, Zhejiangská Univerzita tradiční čínské medicíny či Lékařská univerzita ve Wenzhou, a též na řadě prvotřídních zdravotnických zařízení čínské medicíny, a tak podporovat vstup tradiční čínské medicíny do České republiky; aby se českému obyvatelstvu mohly poskytovat služby klinik tradiční čínské medicíny v oblasti veřejného zdraví, bude Zhejiang usilovat o legalizaci vzdělání a kvalifikace lékařů i užívání léčiv tradiční čínské medicíny v ČR a postupně řešit řadu právních předpisů i otázek politického řízení, souvisejících s rozvojem čínské medicíny v zámoří, jako je uznávání vzdělání, odborná kvalifikace, registrace léčiv, právo na založení živnosti, pojištění způsobilosti či ochrana práv k duševnímu vlastnictví.

Dobré jídlo je všude ve světě společným jazykem, také je pojítkem kulturní výměny a přátelských styků mezi různými zeměmi. Zhejiang může využít „potravin" jako prostředníka a rozvíjet výhodné postavení obchodníků původem z Zhejiangu v českém pohostinství, upevnit pozici čínské kuchyně na českém trhu, rozvíjet high-end podnikání v potravinách a nápojích, vytvořit obchodní modely na nejvyšší úrovni, s vlastní značkou, rozsahem, řetězci i specializací, a posilovat tak rozšíření čínské kultury stolování, aby české obyvatelstvo mohlo ochutnat pravou čínskou kuchyni, pochopit hlubokého ducha čínské kultury stravování, a tím i čínskou kulturu.

3. Oblast přeshraničního internetového obchodu

V provincie Zhejiang se nachází města Hangzhou a Ningbo, dvě komplexní zkušební oblasti pro přeshraniční elektronické obchodování, které jsou na národní úrovni a disponují skvělými podmínkami pro elektronický obchod. Přilákaly sem řadu předních společností jako DH gate.com, OSell, KAOLA.COM nebo JD Worldwide atd., v čele s Alibaba Group. V posledních letech se objem internetového obchodu v provincii Zhejiang zvětšuje raketovým tempem a počet obchodních subjektů stále více roste. Logistické služby, získávání finančních prostředků, celní odbavování, vracení daní a další podpůrné služby jsou den ode dne stále dokonalejší a komplexní portál pro službu Single window je v počáteční etapě zavádění. Přeshraniční internetový obchod dosáhl výrazného rozvoje, dosáhl nejen v Číně, ale dokonce i na celém světě určitého vlivu, také získal velký potenciál v oblasti budoucí spolupráce mezi Českou republikou a provincií Zhejiang.

V budoucnu mohou provincie Zhejiang a Česká republika prohloubit spolupráci ve čtyřech hlavních oblastech, a to v přeshraničním obchodě, přeshraničních platbách, v přeshraniční logistice a dalších podpůrných službách (Obrázek 2-4).

1) JE třeba pomocí B2C služeb učinit průlom v přeshraničním obchodě a klást důraz na postupný rozvoj přeshraničních B2C a B2B služeb.

Prostřednictvím platforem pro přeshraniční internetový obchod jako jsou Tmall.HK, kaola.com, JD Worldwide učiní průlom ve B2C službách fungujících mezi Zhejiangem a ČR, to především v oblasti importu. Tím bude zvýšeno vzájemné porozumění trhu, rozšíří se rozsah obchodu, zvětší se objem obchodu s konzumním zbožím a zlepší se. Na tomto základě se o úroveň zlepší oboustranná přeshraniční spolupráce v oblasti B2B služeb, sblíží se spolupráce ve výrobní řetězci a podpoří se oboustranné propojení průmyslu. Takto bude lépe využit oboustranný přeshraniční internetový obchod a budou nastartovány nové obchody a investice (Obrázek 2-5).

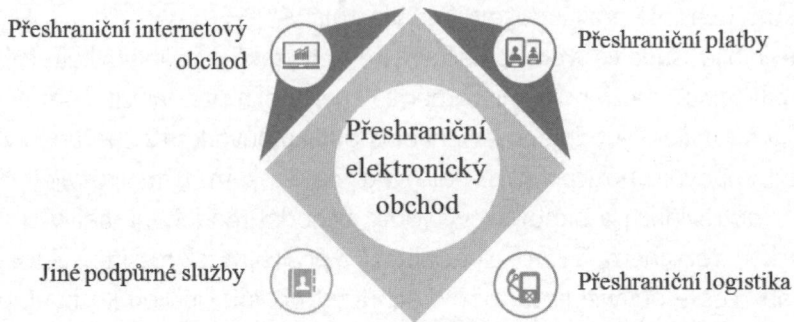

Přeshraniční internetový obchod

Přeshraniční platby

Přeshraniční elektronický obchod

Jiné podpůrné služby

Přeshraniční logistika

Obrázek 2-4   Zhejiangsko-české spolupráce v oblasti přeshraničního elektronického obchodu

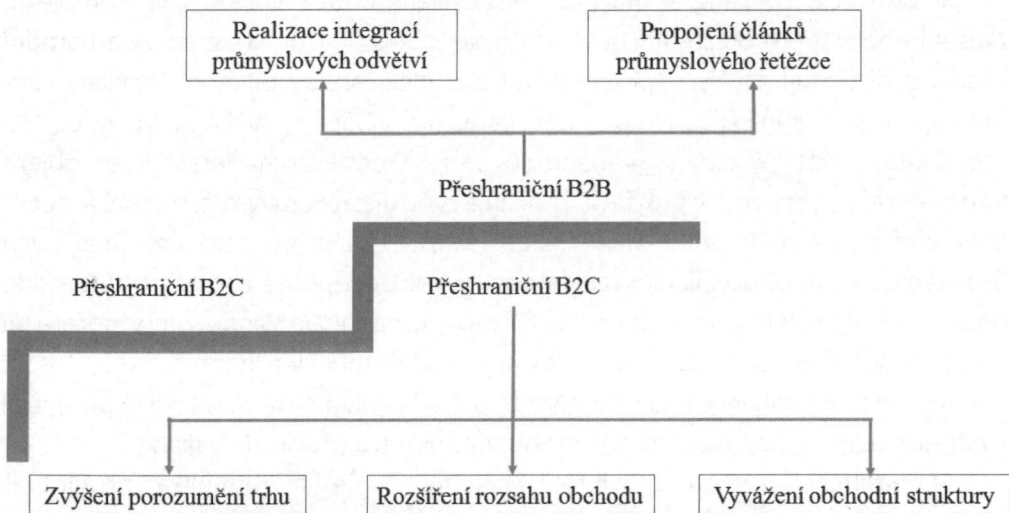

Realizace integrací průmyslových odvětví

Propojení článků průmyslového řetězce

Přeshraniční B2B

Přeshraniční B2C

Přeshraniční B2C

Zvýšení porozumění trhu

Rozšíření rozsahu obchodu

Vyvážení obchodní struktury

Obrázek 2-5   Způsob expanze přeshraničního obchodu

2) Přeshraniční platby nemusí sloužit pouze přeshraničnímu obchodu, ale mohou mít mnohé další využití.

V současnosti se obchod související s novými možnostmi přeshraničních plateb soustředí převážně na oblast B2C. Spotřebitelé často provádí platbu pomocí platební platformy třetí strany a mobilní platby se tak velice rychle rozvíjí. Mobilní platby v sobě od počátku mají výhodu „Internetu plus" a možnosti kombinace s mnoha dalšími oblastmi. Tímto se rozšiřuje velký prostor pro jejich další vývoj. V současné fázi vývoje existují v této oblasti některé problémy jako jsou například odlišné zvyky evropských spotřebitelů při provádění plateb, odlišné finanční systémy v Číně a Evropě nebo obavy o bezpečnost financí. Jestli však bude možné učinit Českou republiku místem průlomu a uskutečnit mezi Zhejiangem a ČR širokou spolupráci v oblasti mobilních plateb, může mít čínsko-evropská spolupráce v oblasti přeshraničních plateb skvělou budoucnost.

3) Spolupráce v přeshraniční logistice by měla mít za účel společně vybudovat asijsko-evropské pokrytí inteligentním logistickým systémem a propojit dostupné logistické zdroje.

S využitím pojítka vlakových spojů na nákladní lince Yiwu-Xinjiang-Evropa spojuje Evropu s vyspělým vnitročínským logistickým systémem, pomocí české stanici na „Pásu a stezce" se koncentruje a propojí logistické zdroje dvou typů: Prvním typem jsou zahraniční sklady a logistická síť, kterou čínské společnosti vybudovaly v ČR a okolních zemích a regionech. Za druhé je aktivně používat místní logistické zdroje, a tak propojit logistické sítě EU a evropského trhu. Je třeba využít úlohu české stanice jako otevřenou platformu, zakomponovat zapojení mnoha stran, společně budovat a sdílet asijsko-evropské logistické pokrytí a systém inteligentní logistiky, který může sloužit mnoha subjektů.

4) Spolupráce na systémech podpůrných služeb přeshraničního internetového obchodu má naději položit základní kámen v oblastech jako je získávání finančních zdrojů, ochrana duševního vlastnictví nebo poprodejní servis.

Ekosystém přeshraničního elektronického obchodu obsahuje společnosti zabývající se platformami pro internetový obchod, společnosti, které tyto platformy zaštiťují a také další druhy podpůrných subjektů, které se zabývají například platbami, technologiemi, službami nebo logistikou. Podpora Zhejiangských a Českých poskytovatelů mobilních plateb, poskytovatelů technologických řešení nebo zahraničních společností poskytujících integrované služby, které svým partnerům poskytují reciproční služby, bude mít velký význam pro nastartování oboustranného internetového obchodu.

4. Internet věcí

Internet věcí je vnímán jako třetí informační revoluce, která následuje po revoluci informačních technologií a revoluci internetu. Americká výzkumná agentura Forrester předpovídá, že celková hodnota, kterou internet věcí průmyslu přinese bude třicetkrát větší než ta, kterou přinesl internet a také, že se internet věcí stane bilionovým informačním odvětvím. V současnosti se vývoj a používání technologie internetu věcí soustřeďuje hlavně v několika málo zemích a regionech jako jsou Spojené státy, Evropa, Japonsko, Jižní Korea nebo Čína.

Odvětví internetu věcí se skládá ze tří vrstev, a to ze snímací vrstvy, síťové

40

Zpráva o rozvoji hospodářské a obchodní spolupráce mezi provincií Zhejiang
a Českou republikou v rámci iniciativy „Pás a stezka" (2018)

vrstvy a aplikační vrstvy. Využití může najít hlavně v inteligentním průmyslu, inteligentním zemědělství, inteligentní logistice, inteligentní dopravě, inteligentní elektrické síti, inteligentní ochraně životního prostředí, inteligentním zabezpečení, inteligentním lékařství a inteligentních domácnostech. Provincie Zhejiang disponuje na poli snímací a aplikační vrstvy určitou výhodou, a to hlavně v odvětvích jako je inteligentní zabezpečení, inteligentní elektrická síť, inteligentní logistika nebo inteligentní domácnost. Na poli inteligentního zabezpečení disponuje provincie Zhejiang společnostmi jako Hangzhou Hikvision Digital Technology a Zhejiang Dahua Technology Company, které zabírají přední místa podle indexu výzkumné agentury IHS na světovém trhu s bezpečnostními kamerovými systémy. Na poli inteligentní elektrické sítě disponuje provincie společností Zhejiang Hangzhou Sunrise Technology, která je na prvním místě v celé Číně v odvětví inteligentních elektroměrů. Kromě toho, disponuje provincie Zhejiang důležitým dodavatelem systémů internet věcí a řešení v oblasti chytrých produktů Lierda Science & Technology Group a důležitým dodavatelem řešení a provozních služeb v oblasti Smart City a Smart Business Park společností Zhejiang Zhengyuan Zhihui Technology. Provincie Zhejiang je v rámci Číny na vedoucí pozici v oblasti internetu věcí a nabízí v tomto směru velký prostor pro rozsáhlou spolupráci s Českou republikou.

Zhejiang se může opřít o oblast inteligentních měst a rozvíjet rozsáhlou spolupráci s Českou Republikou v oblasti internetu věcí. Tato spolupráce by mohla být rozdělena do tří fází:

V počáteční fázi čínská strana poskytne OEM a ODM výrobu hardwarového vybavení jako jsou například inteligentní elektroměry, inteligentní vodoměry, inteligentní plynoměry a další inteligentní zařízení. Také se může jednat o výrobky z oblasti kamerových systémů CCTV a sensorů.

Ve střední fázi pomocí propojení vnějších zdrojů se dodavatelé integrovaných terminálů, integrátoři telekomunikačních zařízení, poskytovatelé telekomunikačních služeb, poskytovatelé systémových služeb a další stanou integrátory jednotlivých modulů v rámci jednotlivých projektů internetu věcí.

V pokročilé fázi integrátoři systémů se stanou designery systémů internetu věcí, poskytovateli technologických řešení, poskytovateli služeb a dodavateli terminálů, a také se budou moci podílet na určení a zavedení standardu internetu věcí.

5. Oblast mobilních plateb a internetového finančnictví

Čína udává světové tempo v oblasti mobilních plateb a internetového finančnictví a provincie Zhejiang je v tomto ohledu jednou z nejpokročilejších oblastí. Vlajkovými loďmi jsou na tomto poli Ant Financial Services Group a společnost Tencent. Ant Financial Services Group byla založena v roce 2014 a dnes je její hodnota odhadována na 700 mld. USD, což jí činí světově nejhodnotnější nekotovanou společností. Podle seznamu „Padesát nejchytřejších velkých společností roku 2017" (magazínu MIT Technology Review) se Tencent také umístil mezi tyto společnosti. V současnosti vstoupila služba Alipay do více než 120 tis. kamenných obchodů v Evropě, Spojených státech, jihovýchodní Asii a dalších zemích a regionech a podporuje použití devatenácti zahraničních měn. Tenpay již také funguje ve více než deseti zemích a regionech, pokrývá více než 130 tis. zahraničních obchodníků a podporuje přímé použití více než deseti zahraničních měn. S rostoucím počtem čínských turistů po celém světě, si čínské společnosti poskytující mobilní platby také čím dál rychleji razí cestu světem. Zatímco poskytuje vetší komfort čínským turistům v zahraničí, může Inkluzivní Finance přinést výhody i lidem z dalších zemí.

V současné době je spolupráce mezi Zhejiangem a ČR v oblasti mobilních plateb a internetového finančnictví zatím ještě v začátcích, a je zde rozsáhlá nevyužitá část trhu, ze které lze těžit. V této fázi se zhejiangské společnosti poskytující mobilní platby hlavně zaměří na čínské turisty, jejichž počet se velmi rychlým tempem zvyšuje. Poskytováním služby Číňanům cestujícím do zahraničí rozšiřují používání mobilních plateb mezi českými obchodníky, a tak rozšířit české povědomí o mobilních platbách. Dosud si Alipay vybral kolem čtyřiceti obchodníků působících v Praze na Starém městě, aby se připojili do systému mobilních plateb. Mezi nimi jsou obchody, restaurace, hotely, muzea, vyhlídkové autobusy a další. V červenci 2017 se společnost Ant Financial Services Group znovu vydala do Česka na průzkumnou cestu, hodlá v České republice dále rozvinout služby poskytované turistům do zahraničí a spolu s místními obchodníky dobře sloužit čínským turistům. Prostřednictvím platformy Alipay poskytují českým obchodníkům komplexní služby a dát jim možnost lépe porozumět potřebám čínských turistů a tím přilákat větší počet turistů. V budoucnu mají Zhejiang a Česká republika na poli mobilních plateb dobré vyhlídky v prohlubování spolupráce. Až uzraje příležitost trhu, bude možné v ČR rozvíjet strategické investice a použít technologie a obchodní modely z Číny. Čínské subjekty budou moci majetkově vstoupit do českých společností poskytujících mobilní platby a takto jim pomoci v rozvoji. Tímto bude možné v České republice propagovat mobilní platby a služby, které jsou nezbytné pro jejich užívání.

D. Kulturní výměna

1. Spolupráce v oblasti výchovy a vzdělávání

Podpora mezinárodní spolupráce v oblasti vzdělávání je důležitou součástí iniciativy „Pásu a stezky", je také důležitou cestou k dosažení internacionalizace

42

Zpráva o rozvoji hospodářské a obchodní spolupráce mezi provincií Zhejiang
a Českou republikou v rámci iniciativy „Pás a stezka" (2018)

vysokého školství. Zhejiang má takové kvalitní zdroje vzdělávání, jako je Zhejiangská univerzita, Zhejiangská technologická univerzita, Zhejiangská pedagogická univerzita, Zhejiangská obchodní univerzita a další ústavy všeobecného vzdělávání, výrazně specializovaná vysokoškolská zařízení reprezentují Zhejiangská Univerzita tradiční čínské medicíny či Lékařská univerzita ve Wenzhou, profesní vzdělávání na vysokoškolské úrovni zajišťuje Zhejiangský finanční institut, Polytechnický institut v Ningbo nebo Polytechnický institut v Jinhua. V oblasti informačních technologií, elektrotechnice a elektronice, v leteckém průmyslu, výrobě strojních zařízení, ve stavebnictví, tradiční čínské medicíně a farmakologii, jakož i v mezinárodní komerční výměně, přeshraničním elektronickém obchodování, internetovém bankovnictví, v mezinárodním obchodě a dalších vědních disciplínách se Zhejiang těší zjevné výhodě. Česko má rovněž špičkové univerzitní zdroje, v oblasti společenských a humanitních věd se řadí k nejlepším, je zde tudíž velký prostor a potenciál pro zhejiangsko-českou spolupráci v oblasti výchovy a vzdělávání.

Česká vláda dnes kvůli struktuře průmyslu přikládá velký význam odbornému vzdělávání. V současné době se v ČR projevuje vážný nedostatek odborných a technických pracovníků, do roku 2030 bude chybět až 400 000 kvalifikovaných techniků. Takže vysoká komplementarita zhejiangského a českého školství zde dává velký prostor pro spolupráci. V budoucnosti mohou obě strany využít průlomu v odborném vzdělávání a posílit spolupráci v oblasti jazykové výuky, odborného vzdělávání, humanitních věd a umění, kulturních a sportovních možností školských areálů a dále zkoumat nové formy spolupráce ve výzkumu i kooperativním zřizování škol. Na jedné straně se bude podporovat, aby více zhejiangských vysokých škol a podniků, které vyhovují požadavkům, zakládalo školy v ČR a na druhé straně se bude pomáhat České republice vychovávat komplexní talenty s mezinárodním přehledem a čínskou zkušeností; toto vzájemné učení se a vzájemné zdokonalování povede ke vzájemnému prospěchu a společnému úspěchu. Spolupráce v oblasti odborného vzdělávání podpoří rovněž další postup zhejiangsko-české průmyslové integrace a rozvine společnou přípravu talentů.

2. Turistika a cestovní ruch

Výměna v oblasti turistiky je v rámci iniciativy „Pásu a stezky" důležitou součástí mezilidských vztahů, přispívá k vzájemnému pochopení mezi lidmi, vytváří dobré prostředí pro vzájemnou politickou důvěru a obchodní výměnu, stane se též úplně novým bodem růstu zhejiangsko-českých vzájemných kontaktů. Česká republika leží ve střední Evropě, má bohaté lidské zdroje a přírodní podmínky, pro spolupráci Číny se zeměmi střední a východní Evropy v oblasti turismu představuje jednu z významných zemí, přičemž Praha je jediným městem na světě, uznaným jako celek za město světového kulturního dědictví. Čína je zdrojovou zemí největšího počtu turistů na světě a největším světovým spotřebitelem výjezdového cestovního ruchu; Zhejiang je velkou provincií, má takové památky světového kulturního dědictví jako je Západní jezero či Velký císařský průplav; přičemž Hangzhou jako správní centrum provincie zaujalo v roce 2016 páté místo v žebříčku měst s největším počtem výjezdů (hodnoceno podle počtu vycestovavších lidí), těsně za Šanghají, Pekingem, Shenzhenem a Guangzhou. Z tohoto důvodu má zhejiangsko-česká spolupráce v oblasti cestovního ruchu široké možnosti a velký potenciál. V budoucnu budou obě strany dále podporovat zjednodušení procesu při udělování víz pro turisty, zvýšení počtu přímých leteckých linek a posílení dvoucestné propagace cestovního ruchu; spolupráce v turismu mezi dotčenými místy se bude hlouběji zkoumat a pragmaticky rozvíjet; společně bude vytvořena platforma pro vzájemnou výměnu v odvětví cestovního ruchu, aby se podpořila bilaterální mimovládní kulturní výměna a „vzájemné lidské pochopení".

3. Oblast kultury, sportu a zábavy

Kontakty mezi oběma zeměmi spočívají v mezilidských vztazích, ve výměně a spolupráci v oblasti kultury, sportu i zábavy. Další obohacení zhejiangsko-českých kulturních vztahů je významnou základnou pro vytvoření interoperability, vzájemného sdílení a oboustranně výhodné spolupráce. České úspěchy v literatuře, hudbě, kultuře či sportu jsou světově uznávané, slavní hudebníci Dvořák a Smetana, spisovatelé Franz Kafka a Milan Kundera jsou reprezentanty české hudby a literatury. České sportovní odvětví je rovněž poměrně rozvinuté, zejména český lední hokej, považovaný za národní sport, je na světové úrovni, díky vynikající hře s pukem, taktické flexibilitě a houževnatému stylu stojí na světovém hokejovém piedestalu. Zhejiang je též provincií prodchnutou uměleckým ovzduším, s rozsáhlým vzděláním, hlubokými myšlenkami a bohatou tvorbou; ve starých dobách zde žil Huang Zongxi, Lu You, Song Lian, Luo Binwang a další slavní literáti, v moderní době Lu Xun, Zhu Ziqing, Mao Dun, Ba Jin, Xu Zhimo, Wang Guowei a další mistři proslavení doma i v zahraničí.

Zhejiang a Česká republika, spoléhaje na své lidské zdroje, mohou užít iniciativy „Pásu a stezky" a mechanismu „16+1" jako pojítka a realizovat těsnější spolupráci v oblasti filmové a televizní zábavy, šířit do Evropy ducha zhejiangských obchodníků a ducha Číny, zatímco pocity českého lidu bude sdílet stále více lidí v Zhejiangu a Číně; v oblasti sportu plně začlenit český lední hokej a fotbal, zhejiangský badminton a stolní tenis, jakož i další úspěšná sportovní odvětví, výměnu a kooperaci ve sféře sportu posilovat především v oblasti vzdělávání mládeže, organizace soutěží či výměně talentů.

Zhejiangsko-česká spolupráce za aktivní podpory a vedení obou vlád plně rozvíjí roli podniků a dalších subjektů na trhu, díky společnému působení v takových význačných projektech jako je česká stanice na „Pásu a stezce" se zvyšuje stupeň propojení obchodní výměny a oběh kapitálu mezi Zhejiangem a ČR, rozvíjí se funkce komplexních služeb ve zbožové výměně a logistice pro zajištění plynulého bilaterálního obchodu, podporuje se zhejiangsko-česká průmyslová integrace a oběh kapitálu, kdy se spoléhá na výhody spolupráce v pokročilé výrobě, specializovaném průmyslu, nové ekonomice a nových oblastech finančního sektoru, čímž se upevňuje postavení Zhejiangu a České republiky jako „uzlů" na evroasijském pozemním mostu „Pásu a stezky"; zhejiangsko-české „společné obchodování, společné budování a společné užívání" je plně v souladu s otevřenou platformou vzájemně výhodné spolupráce v duchu „Pásu a stezky".

Poděkování

U příležitosti prvního zveřejnění „Zprávy o rozvoji hospodářské a obchodní spolupráce mezi provincií Zhejiang a Českou republikou rok 2018 v rámci „Pásu a stezky" chceme poděkovat všem, kteří nám při tom poskytovali pomoc, poučení a podporu.

Během prací na této zprávě se nám dostalo pečlivého vedení ze strany obchodního odboru provincie Zhejiang, jeho kancelář pro vnější styky, kancelář pro zahraniční ekonomiku, kancelář pro rozvoj obchodu a další příslušná oddělení nás plně podporovala a také poskytla cenné připomínky a doplňky k obsahu této zprávy.

V procesu shromažďování dat se zprávě dostalo všestranné spolupráce ze strany mnoha podniků, jako Wanxiang Group, Zhejiang Dahua Technology, Hangzhou Sunrise Technology, Ant Financial Services Group a dalších, rovněž jim vyjadřujeme naši vděčnost!

Děkujeme všem kolegům ve výzkumném centru. Chtěli bychom také poděkovat překladatelskému týmu anglické verze, české verze této zprávy, i externím auditorům za jejich náročnou práci, že tato zpráva může být v tak krátké době vydávána současně v čínském, anglickém a českém jazyce!

Development Report on Zhejiang-Czech Economic and Trade Cooperation under the Framework of the Belt and Road Initiative

(2018)

Zheng Yali, Zhang Haiyan

Translated by

Zhu Huifen, Hong Wei, Liu Dongguang, Chen Xiaojin

Guo Ying, Wu Lijia, Qin Shiyu, Shen De'an

Zhang Min, Hu Nannan, Qiu Min, Pan Shuyao

ZHEJIANG UNIVERSITY PRESS
浙江大学出版社

Preface

The world is changing so rapidly that it keeps challenging people's capability of prediction and judgement. The Belt and Road Initiative, which was proposed barely five years ago, is now transforming from concept to action, from vision to reality. In May 2017, Beijing witnessed the grand scene that delegates from over 100 countries and regions gathered to jointly discuss the major plan of the Belt and Road construction. The Belt and Road Initiative Forum for International Cooperation achieved great success, with over 270 tangible achievements that can be classified into five major categories and 76 major items. Consequently, the following strange phenomenon occurs. All parties, including countries and regions with vast differences across Eurasia, governments at various levels, companies of various sizes, are contemplating the same issue: What can I do for the Belt and Road construction? Different parties offer all sorts of answers then. People gradually realize that the Belt and Road Initiative is a stage for performers, whose own conditions and demands play a crucial role in such performance. It is absolutely normal to apply specific policies on specific countries, provinces and enterprises respectively. People are contemplating the same issue, but the solutions may be widely diversified. Therefore, parties involved in the Belt and Road construction are in need of research achievements that are customized for their own conditions.

For this purpose, we present the *Development Report on Zhejiang-Czech Economic and Trade Cooperation under the Framework of the Belt and Road Initiative (2018)*. This report, focusing on Zhejiang and the Czech Republic and based on the trade and investment situation between both sides in 2016—2017 as well as findings gained from on-site enterprise research, conducts in-depth thinking with a systematic and comprehensive perspective, and defines strategic position, cooperation framework and priority areas of economic cooperation

2

Development Report on Zhejiang-Czech Economic and Trade
Cooperation under the Framework of the Belt and Road Initiative (2018)

between Zhejiang and the Czech Republic under the Belt and Road Initiative framework. The report is divided into three chapters, namely Current Situation, Development and Case Studies. The chapter of Current Situation displays data related to the imports and exports between both sides in 2016—2017, and the investment and cultural exchanges between both parties. The chapter of Development, the key part of this report, proposes that the cooperation of both sides should fully utilize the advantages in Zhejiang-Czech cooperation, such as cultural affinity, trade complementarity and accessible mutual trade routes for both sides, recognizing each other as a pivot when building Eurasia Land Bridge during the Belt and Road construction. Zhejiang and the Czech Republic should discuss, build and share the Zhejiang-Czech Channel, create a new platform for open economy with the purpose of serving Belt and Road construction and advanced features of the "Internet Plus" era. Meanwhile, the exchange mechanism between both sides should be enhanced. Furthermore, based on platforms and carriers of the Czech Station under the Belt and Road Initiative and the Yiwu-Xinjiang-Europe (YXE) cargo line, both sides should focus on advanced manufacturing industries such as aviation, automobile, electronic and electrical products, characteristic industries like traditional Chinese medicine and Chinese food, as well as integration of industries like cross-border e-commerce, Internet of Things, mobile payment, and Internet Finance, so as to realize the goal of finally connecting the open systems of Zhejiang and the Czech Republic. The chapter of Development features lofty strategic position, complete design of cooperation framework and clear-cut priority areas for cooperation. As for the chapter of Case Studies, it selects three enterprises to decipher their understanding of Zhejiang-Czech cooperation under the Belt and Road Initiative framework and demonstrate their confidence in cooperation prospect and potential. The three enterprises are Hangzhou Sunrise Technology Co., Ltd., Wanfeng Auto Holding Group and Ant Financial Services Group, the respective perspectives being "trade promoting investment", "'going global' promoting 'bringing in'" and "'new calling card' for mobile payment".

This report has the following four characteristics. Firstly, it has a clear theme and emphasis, focusing on Zhejiang and the Czech Republic. So far there is no specific report taking Zhejiang and the Czech Republic as a research subject in the Belt and Road Initiative study, and few similar reports exist on researching provincial economy and specific partners. This report reveals comprehensive strategic ways of development for Zhejiang-Czech cooperation, using a single entry point and then exploring deeply. Secondly, it uses current situation as a basis, strategic analysis as the main body and case studies as the supplement, with three chapters complementing and connecting with one another. The data related to current situation leads to cautious judgement for cooperation prospect, while practices by enterprises, revealing tremendous potential behind the data of traditional trade and investment, not only bring much joyful surprise but also lead to further exploration that demonstrates the overall and enlightening pattern of cooperation. Thirdly, the authors conduct on-site research with rigorous and prudent approaches to collect enterprise cases and then go beyond simple description of facts. The chapter of Case Studies summarizes research cases and explores development paths of cooperation from the perspective of enterprises, offering references for similar enterprises. Fourthly, this report, based on Zhejiang and the Czech Republic while radiating to nearby areas, is released in three languages of Chinese, English and Czech at the same time to attract more readers and promote research achievements. We hope that this report can serve as a medium to enhance lively and extensive discussions among researchers on the Belt and Road Initiative in Zhejiang and in parts of China, promote interactions and exchanges among researchers on the Belt and Road Initiative in Zhejiang and the Czech Republic, and boost cooperation on scientific research for better joint achievements in quantity and quality.

The report is this year's major research achievement by the Czech Research Center in Zhejiang Financial College. The Czech Research Center, as a research center on specific regions and nations established with approval from the Ministry of Education, is an open research platform dedicated to comprehensive study on political, economic, cultural, social and other aspects of the Czech Republic. It is also a new think tank that serves the Belt and Road construction and shoulders the responsibility of assisting the government and business organizations. As to the Chinese version of this report, the major authors are Zheng Yali and Zhang Haiyan. The translators for its English version are Zhu Huifen, Hong Wei, Liu Dongguang, Chen Xiaojin, Guo Ying, Wu Lijia, Qin Shiyu, Shen De'an, Zhang Min, Hu Nannan, Qiu Min and Pan Shuyao. The major translators for its Czech version are Xu Weizhu and the related team. Any comments or suggestions to improve this report further will be welcome.

Zheng Yali

President, Zhejiang Financial College
Director, Czech Research Center

Contents

Part 1

Part 2

Part 3

Development Report on Zhejiang-Czech Economic and Trade
Cooperation under the Framework of the Belt and Road Initiative (2018)

2

Part 1

Current Situation:

Analysis of Zhejiang-Czech Trade

and Economic Cooperation in 2017

Introduction

◆ Trade

In 2017, the Zhejiang-Czech trade volume reached USD 750 million, of which the amount of Zhejiang exports to the Czech Republic was USD 640 million and imports amounted to USD 110 million. This proves that there is still substantial growth potential in the trade to be exploited between the two sides. Zhejiang-Czech trade focuses on inter-industry commodity trade, while intra-industry trade should be strengthened. Regarding the main trading bodies, foreign trade business service enterprises play an important role, and foreign-funded enterprises take up a high proportion of trade.

◆ Investment

Up to the end of December 2017, there were 98 enterprises in Zhejiang invested by Czech companies. The investment mainly focused on the industries of mineral products, chemical fiber, paper products, etc. Meanwhile, there were 17 enterprises in the Czech Republic invested by Zhejiang companies, mainly focusing on the industries of railway, ships, aviation and aerospace, other transport equipment manufacturing, metal products, wholesale, etc.

◆ Cultural Exchanges

Educational cooperation has been pushed forward with richer forms and deeper levels. There has been an explosive growth in the tourism industry, anticipating further cooperation in tourism. There are also increasingly rich cultural exchanges in fields like music, film and television, together with frequent non-governmental exchanges between the two sides.

◆ Analysis and Prospects

Firstly, the construction of a policy dialogue mechanism should be strengthened; secondly, the new open economic system is supposed to be designed from a strategic viewpoint for the Belt and Road Initiative, with Zhejiang and the Czech Republic as pivots for each other; thirdly, the scientific and technological advantages of Zhejiang and the Czech Republic will be given full play. The cooperation in the frontier fields such as cross-border e-commerce, Internet Finance, mobile payment, smart cities and Internet of Things should be the highlights of Zhejiang-Czech cooperation.

Located in central Europe, the Czech Republic is a pivotal country in the construction of the Belt and Road Initiative, whereas Zhejiang is one of the starting points of the ancient land and maritime Silk Road. Despite sitting thousands of miles apart, the two places have increasingly united due to the Belt and Road Initiative, to which the governments of both sides have attached great importance. Cooperation and communication between both sides are therefore carried forward in an active way. Currently, the scale of trade and two-way investment are not massive for either side, but they are expected to increase in the future. Furthermore, the strategic importance of Zhejiang-Czech cooperation is more than that. The promotion of Zhejiang-Czech cooperation is regarded by Zhejiang as an important aspect to fully participate in the construction of the Belt and Road Initiative. Zhejiang aims to achieve a new economy model called the "Internet Plus" and the Zhejiang-Czech Channel through such major projects as the construction of the Czech station under the Belt and Road Initiative, making Zhejiang and the Czech Republic pivotal partners for each other. This will also create a Zhejiang model of the Belt and Road Initiative based on win-win cooperation with the Czech Republic.

At present, Zhejiang-Czech cooperation is in the strategic planning stage, with cases of innovative practices springing up one after another. At this point, we can explore Zhejiang-Czech trade and economic cooperation more comprehensively by presenting the current situation, identifying weak links and tackling obstacles. Through discussion of model innovation and expansion of cooperation, it will help with the scientific evaluation of prospective areas for cooperation, rational assessment of their value, and promotion of the healthy and orderly development of Zhejiang-Czech trade and economic cooperation.

Ⅰ. Trade

1. Overview: In the medium and long term, the scale of Zhejiang-Czech imports and exports are on the rise but not in a large volume, and subsequently Zhejiang has an obvious surplus in the trade between both sides

4

Development Report on Zhejiang-Czech Economic and Trade
Cooperation under the Framework of the Belt and Road Initiative (2018)

Official data shows that the volume of Zhejiang-Czech imports and exports were on the rise from 2006 to 2016, with average annual growth of 7.67% in exports and 13.3% in imports. In 2016, the Zhejiang-Czech trade reached USD 637 million, hitting a ten-year high, and a rise of 5.3% over the same period last year. Within that period the amount of Zhejiang exports to the Czech Republic were USD 552 million and imports amounted to USD 85 million, which was far less than the former. From January to December, 2017, trade on both sides amounted to USD 750 million, a rise of 17.8% from the previous year. In this period, Zhejiang exports to the Czech Republic were USD 640 million, a rise of 15.4% from the previous year, and imports were USD 110 million, a rise of 33.6% from the previous year. Although the trade between both sides is increasing rapidly, there is still substantial growth potential in its overall scale.

2. Commodity Composition: Zhejiang-Czech trade focuses on inter-industry commodity trade, while intra-industry trade, which embodies industry convergence and industrial chain connecting, should be strengthened

Zhejiang commodities exported to the Czech Republic are mainly garments and textile, electric wires and cables etc., whereas imported commodities from the Czech Republic are largely scrap metal, measuring as well as testing and analyzing instruments etc.

According to statistics released by China Customs, there are only two categories of commodities (plastics, electrical apparatus and parts for switching or protecting electrical circuits) which overlapped in the top 10 commodities of the trade between both sides. There are two distinctions in commodity composition between imports and exports. On one hand, industries of Zhejiang and the Czech Republic have their respective advantages, therefore, they can make exchanges of needed goods. On the other hand, in the background of economic globalization characterized by industrial chains, it also shows that there are bright prospects ahead for industry convergence of both sides and intra-industry trade.

In regards to the composition of exported commodities, the top 10 Zhejiang exports to the Czech Republic in 2017 were apparel and garment accessories, electric wires and cables, textile yarn, fabrics and made-up articles, electromotors and generators, automotive parts and accessories, lamps and lanterns, lighting and lighting accessories, plastics, furniture and furniture parts, electrical apparatuses and parts for switching or protecting electrical circuits and shoes (see Table 1-1). Of all the Zhejiang exports to the Czech Republic, apparel and garment accessories took the dominant proportion, with exports amounting to USD 64.9873 million, contributing to 11.82% of total exports in 2017. If textile yarn, fabrics and made-up articles (at the third place of the top 10) are counted together with it, textile and garment will account for nearly 15% in exports. The following categories in the top 10 were electric wires, cables and generators, valued USD 20 million to USD 25 million, much less than that of textile and garment.

Table 1-1   Major Zhejiang Commodities Exported to the Czech Republic in 2017

Number	Item	The Cumulative Value of Export (USD)	Yearly Change (%)	Proportion (%)
1	Apparel and Garment Accessories	64,987,312	3.92	11.82
2	Electric Wires and Cables	24,084,884	18.61	4.38
3	Textile Yarn, Fabrics and Made-up Articles	21,634,311	27.56	3.93
4	Electromotors and Generators	21,625,932	37.40	3.93
5	Automotive Parts and Accessories	19,914,999	27.20	3.62
6	Lamps and lanterns, Lighting and Lighting Accessories	19,381,930	−13.23	3.52
7	Plastics	15,701,013	7.52	2.85
8	Furniture and Furniture Parts	13,437,734	7.83	2.44
9	Electrical Apparatuses and Parts for Switching or Protecting Electrical Circuit	11,767,940	21.49	2.14
10	Shoes	11,756,937	−16.53	2.14

Source: Department of Commerce of Zhejiang

In regards to the composition of imported commodities, the top 10 Zhejiang imports from the Czech Republic in 2017 were scrap metal, measuring, testing, analyzing and controlling instruments, rolled steel, paper pulp, synthetic rubber (latex included), primary plastic, plastic products, logs, diodes and similar semiconductor devices, electrical apparatus and parts for switching or protecting electrical circuits (see Table 1-2).

In terms of Zhejiang imports from the Czech Republic, primary goods dominated the import market, followed by the manufactured products of engineering. Imported consumer products only took up a small part, which reflected Zhejiang's inadequate knowledge about Czech products, especially consumer products. Therefore, more efforts should be taken to achieve market acceptance. Recently, through some online and offline platforms such as Tmall, Ningbo China-CEEC Investment and Trade Expo and China Yiwu Import Expo, Czech consumer products like beer, crystal products and cosmetics have been introduced to the Zhejiang market, however, their market potential needs to be further explored.

Table1-2　Major Commodities Imported from the Czech Republic to Zhejiang in 2017

Number	Item	The Cumulative Value of Import (USD)	Yearly Change (%)	Proportion (%)
1	Scrap Metal	17,424,495	120.86	15.84
2	Measuring, Testing, Analyzing and Controlling Instruments	4,480,412	10.37	4.07
3	Rolled Steel	3,942,388	809.07	3.58
4	Paper Pulp	3,366,546		3.06
5	Synthetic Rubber (Latex Included)	3,281,169	5867.61	2.98
6	Primary Plastic	2,920,712	−21.65	2.66
7	Plastic Products	2,770,156	−30.10	2.52
8	Logs	2,296,590	10.14	2.09
9	Diodes and Similar Semiconductor Devices	2,221,086	83.11	2.02
10	Electrical Apparatuses and Parts for Switching or Protecting Electrical Circuit	1,639,838	−5.33	1.49

Source: Department of Commerce of Zhejiang

3. Trade Composition: Foreign trade business service enterprises played an important role, and foreign-funded enterprises took up a high proportion of trade

In terms of the export trade, the top 20 enterprises in export scale from Zhejiang Province to the Czech Republic in 2017 were Panasonic Appliances Motor (Hangzhou) Co., Ltd., Hangzhou Sunrise Technology Co., Ltd., Asmo Hangzhou Xiaoshan Small Motor Co., Ltd., Zhejiang OneTouch Business Service Co., Ltd., H3C Technologies Co., Limited, Zhejiang Keen Faucet Co., Ltd., Zhejiang Cfmoto Power Co., Ltd., Mobiwire Mobiles (Ningbo) Co., Ltd., Cixi Donggong Electric Co., Ltd., Hangzhou Hikvision Digital Technology Co., Ltd., Zhejiang Zhaolong Cable Co., Ltd., Ningbo Haitian Logistics Co., Ltd., Nidec Shibaura (Zhejiang) Co., Ltd., Sanhua Holding Group Co., Ltd., Ningbo Timberword International Trade Co., Ltd., Zhejiang Liuqiao Industrial Co., Ltd., Welfull Group Co., Ltd., Hangzhou Thinklux Import and Export Co., Ltd., China-Base Ningbo Foreign Trade Co., Ltd., and Yotrio

Group Co., Ltd.

Regarding the import trade, the top 20 enterprises importing from the Czech Republic to Zhejiang Province in 2017 included Kayaku Safety Systems (Huzhou) Co., Ltd., Key (Huzhou) Safety Systems Co., Ltd., Zhejiang Neoglory Jewelry Co., Ltd., Lego Toy Manufacturing (Jiaxing) Co., Ltd., Ningbo Jintian Copper (Group) Co., Ltd., Ningbo Orient Wires & Cables Co., Ltd., Zhongce Rubber Group Co., Ltd., Takata (Changxing) Safety Systems Co., Ltd., Zhejiang Liuqiao Industrial Co., Ltd., Chiho Environmental Group Limited, Ningbo Kingstar Imp. & Exp. Co., Ltd., Jiashan Sun-King Electrical Equipment & Technology Co., Ltd., Ningbo Gongyi International Trade Co., Ltd., Ningbo Texoon Brassworks Co., Ltd., NBHX Trim China Co., Ltd., Yuhuan Fulida Metal Co., Ltd., Ningbo Junan Resources Co., Ltd., Zhejiang Complete Equipment Import & Export Co., Ltd., Ningbo Leadgo E-commerce Co., Ltd., and Thyssenkrupp Springs and Stabilizers (Pinghu) Co., Ltd.

Ⅱ. Trade

1. Investment of Czech Enterprises in Zhejiang

Up to the end of December 2017, there are 96 enterprises in Zhejiang which have been invested in by Czech companies, with contracted foreign capital reaching USD 96.5 million and actual foreign capital being USD 79.82 million. The investment mainly focuses on the industries of mineral products, chemical fiber and paper products, etc.

Currently the projects Czech enterprises have invested in Zhejiang mainly include the following.

(1) Jinhua Guanhua Crystal Co., Ltd.

Established in June 2005, it is a joint-venture invested in by Czech Hengxiang Co., Ltd. and Hongkong Galaxy International Co., Ltd., with a total investment of USD 29.98 million. The main business of the company is manufacturing non-metallic mineral products. Jinhua Guanhua Crystal Co., Ltd. is one of the national high-tech enterprises. Now it has become the biggest rhinestone manufacturer in China, with the R&D, production and sales of rhinestone. In recent years, the company has focused on broadening the industrial chain, and has diversified into downstream products, such as rhinestone accessories and artwares. The products enjoy stable market conditions in dozens of countries and regions such as Brazil, Italy, Mexico, etc.

(2) Sunkiss Healthcare (Zhejiang) Co., Ltd.

Formally put into operation in 2013, it is a joint-venture by Baptist Co., Ltd. of Czech and Hangzhou Zhenqi Sanitary Products Co., Ltd., with a total investment of USD 25 million. The main business of the company is manufacturing paper products. Now its brand has become one of Hangzhou's famous exporting brands, and the enterprise is listed in the category of A-level

8

Development Report on Zhejiang-Czech Economic and Trade
Cooperation under the Framework of the Belt and Road Initiative (2018)

management by China Customs. With the Zhejiang SME Technology Center and two imported Italian production lines, it has become one of the biggest production bases of healthcare products in China.

(3) Wenzhou Qinfeng Electric Heater Technology Co., Ltd.

It is a joint-venture invested by a Czech overseas Chinese named Lin Guoguang and Wenzhou Tianma Trade Co., Ltd., with a total investment of USD 20 million. The main business of the company is manufacturing household electric appliances.

2. Investment of Zhejiang Enterprises in the Czech Republic

By the end of December 2017, there were 17 enterprises in the Czech Republic which had been invested by Zhejiang companies, with a total investment of USD 30.88 million, in which the recorded amount of investment by Chinese parties was USD 30.34 million. The investment mainly focused on the industries of railway, shipping, aviation, aerospace, other transport equipment manufacturing, metal products, and wholesale, etc.

Currently the projects Zhejiang enterprises have invested in the Czech Republic mainly present as the following.

(1) Hangzhou XZB Tech Co., Ltd. (XZB Europe)

Approved by the Ministry of Commerce on October 17, 2016, it was set up by Hangzhou XZB Tech Co., Ltd. in Moravian-Silesian region of the Czech Republic as a wholly owned subsidiary to construct a European-based project to offer auto parts and other mechanical components with a total investment of USD 11.79 million. The establishment of the European manufacturing base seeks to expand the range of international business, quickly respond to the requirement of the European clients as well as strengthen its overall competitiveness. This new base will boast advanced and modernized production equipment as well as excellent teams, further increasing the company's power in production, research and service.

(2) Skyleader a.s.

Approved by the Ministry of Commerce on March 28, 2016, it was set up by Wanfeng Aviation Industry Co., Ltd. (Wanfeng Aviation for short) after acquiring Czech DF Company with a total investment of USD 9.8 million. Czech DF Company is one of the most well-known global manufacturers of light sports aircraft, and a leading company in Czech light aircraft manufacture, with cost-effective products. It boasts great influence in the world and enjoys a good customer base. The acquisition has further promoted the ability of Wanfeng Aviation in aircraft design, R&D, overall aircraft manufacturing, etc.

Approved by the Ministry of Commerce on June 22, 2016, Wanfeng AL Co., Ltd. was set up in the Czech Republic by Wanfeng Aviation with a total investment of USD 2.26 million. In fact, Wanfeng Group has formulated a systematic and overall investment and cooperation plan in the aviation industry in the Czech Republic. Apart from the acquisition of DF Company and the newly start-up AL Company, Wanfeng Aviation is building the platform of design, R&D, manufacture, supporting service together with several Czech light aircraft companies. The company, through cooperation with Czech partners, introduces the Czech aviation products and technology to China. Taking the aircraft manufacture as the core, it is constructing the whole industrial chain operation system and making Wanfeng Group the "aircraft carrier" of the general aviation industry.

(3) Logarex Smart Metering s.r.o.

Approved by the Ministry of Commerce on September 18, 2015, the Logarex Smart Metering s.r.o. company became a fully-owned subsidiary of Hangzhou Sunrise Technology Co., Ltd. (Sunrise Technology for short), at an investment of USD 420,000 and aimed at wholesale industry. In this acquisition, Sunrise Technology purchased 100% of the shares of Logarex Smart Metering subordinated to Koh-i-noo Group of the Czech Republic. Now Logarex Smart Metering has become a wholly-owned subsidiary of Sunrise Technology. The Logarex Smart Metering s.r.o. company is a Czech firm established in 2011 by Koh-i-noo. Involved in research, development, production and sale, it specializes in meeting the demands of the energy branch focusing on the measurement, processing and transfer of data (electric meters in particular). Since the establishment of Logarex Smart Metering, Sunrise Technology has been its major supplier. This acquisition is a part of Sunrise Technology's exploration in the overseas smart metering market. Currently, Sunrise Technology is one of the leading exporters in Zhejiang to the Czech Republic, whose total export reached USD 9,223,800 in 2016, ranking third in Zhejiang Province.

On the other hand, because of different statistics criteria, some investment projects cannot be listed as Zhejiang's investments in the Czech Republic. For example, Wanxiang A123 System Asia, Ltd. has been invested to build a lithium-ion battery plant in Ostrava, Moravia Silesia, the Czech Republic. However, since Wanxiang A123 System Asia, Ltd. is an American corporation, this manufacturing facility in Ostrava is not listed as one of Zhejiang's investments in the Czech Republic. On March 2, 2017, Wanxiang Group hosted an opening ceremony of this lithium-ion battery plant in Czech. This plant, which is to carry out production together with A123's technology center in Stuttgart of Germany, plays an important part in the global business strategy of A123. In Wanxiang Group's strategic planning, the Czech Republic is regarded as its manufacturing base in Europe.

III. Cultural Exchanges

With the further implementation of the Belt and Road Initiative, the economic and trade cooperation between Zhejiang and the Czech Republic is continuously deepening. Meanwhile, the cultural exchanges have become increasingly active, particularly in the areas of education, tourism, and cultural exchanges, etc. along with a flood of non-governmental exchanges and cooperation programs.

1. Push Forward Educational Cooperation with Richer Forms and Deeper Levels

By the end of June, 2017, educational cooperation has been carried out between the Czech Republic and Zhejiang's colleges, universities and schools, including Zhejiang University, Zhejiang Sci-Tech University, Zhejiang Chinese Medical University, Zhejiang Wanli University, Hangzhou Dianzi University, Zhejiang Financial College, Zhejiang Wenlan Education Group, etc. In February, 2017, Hangzhou Dianzi University and F AIR Flight School in the Czech Republic reached a strategic cooperation framework agreement. Both sides are cooperating in aspects of joint educational programs, mutual exchanges of students and faculty members, and research in aviation.

In June, 2017, the Fourth China Ningbo-CEEC Educational Cooperation Forum established the Alliance of Production and Education Collaboration under the Belt and Road Initiative as well as the Alliance of Business Schools along the Silk Road, aiming to push forward strategic cooperation between China and countries along the Silk Road in areas of production and education collaboration, to cultivate high-skilled talents and train people with commercial and trade expertise. During the forum, Zhejiang Wanli University and Hradec Kralove University in the Czech Republic jointly established the Center of Czech Language and Cultural Studies to offer Czech language training classes and train people to be equipped with expertise in the Czech language.

In July, 2017, during the Czech-China Investment Forum, Zhejiang Financial College and University of Finance and Administration, Prague, the Czech Republic reached the cooperation framework agreement to deepen mutual cooperation. In addition, in June, 2017, the Center of Czech Studies in Zhejiang Financial College became the first center of Czech studies in Zhejiang Province registered by the Ministry of Education. The center focuses on studies of Zhejiang-Czech cooperation in economics, trade, education and finance, to promote joint scientific research, serve as a think tank and enhance economic and trade cooperation as well as cultural exchanges.

In October, 2017, the Department of Commerce of Zhejiang Province and Department of Education of Zhejiang Province jointly held an international educational fair in Brno, the Czech Republic as a part of a grand expo. Thirty-seven colleges and universities participated in the fair, including Zhejiang University, Zhejiang University of Technology, Zhejiang Normal University, Ningbo University, Hangzhou Dianzi University, Zhejiang Sci-Tech University, Zhejiang Gongshang University, Zhejiang A&F University, Wenzhou Medical University, Zhejiang University of Finance and Economics, Zhejiang University of Science and Technology, Zhejiang University of Media and Communications, Zhejiang Conservatory of Music, etc. With respect to overseas students, statistics from the Department of Education of Zhejiang Province have shown that there are now 86 Czech overseas students in Zhejiang. It is estimated that over 150 students and teachers have been involved in these mutual exchanges in 2017. The educational cooperation between Zhejiang and Czech will progress further.

2. An Explosive Growth in Tourism Industry Anticipates Further Tourism Cooperation

With the progress of the Belt and Road Initiative, the number of tourists traveling to the Czech Republic from China saw a remarkable growth. According to statistics of the Czech Tourism Board, the number of Chinese tourists to the Czech Republic in 2007 was only 17,000. However, there was a sharp rise with visitor arrivals numbering 180,000 in 2013. In 2016, this number surged to 354,000. In 2017 tourists from China to the Czech Republic are expected to reach 500,000.

In July, 2017, China Tourism Academy, Ctrip and Huayuan International Travel jointly issued a report on the trends of Chinese tourists in Europe in the first half of 2017. It was revealed that the Czech Republic ranked 10th among the top destination countries in Europe for Chinese travellers, the growth rate of Chinese tourist arrivals ranked 2nd, and Prague is the sixth most popular destination city for Chinese tourists. In order to adapt to the rapid development of Sino-Czech tourism, China has operated four direct flights by the end of December 2017 from Beijing, Shanghai, Chengdu and Xi'an to Prague. Zhejiang is also actively promoting tourism cooperation between Zhejiang and the Czech Republic. On June 5 and June 13, 2017, Ningbo started to operate two chartered planes to Prague. Meanwhile, Zhejiang has also actively promoted its rich tourism resources to the Czech Republic. In October 2016, Zhejiang launched a tourism promotion campaign, namely "When Zhejiang meets Czech—2016 'Picturesque Zhejiang'", in the Czech Republic. Both sides, with abundant tourism resources, have great potential to boost their cooperation in this field.

3. There Are Increasingly Rich Cultural Exchanges in Fields like Music, Film and Television, Together with Frequent Non-Governmental Exchanges

In October 2016, a memorandum was signed on cooperation between Empressa Media and Zhejiang Radio and TV Group. They jointly launched a TV series called "Picturesque Zhejiang", during which several outstanding documentaries were broadcast in the Czech Republic such as *West Lake, Qiantang River* and *Hangzhou*, etc. During the broadcasting of the TV series, the Traditional Music Orchestra from Zhejiang Conservatory of Music held a special concert. Several classical pieces were performed including *Lofty Mountain and Flowing Stream, Ten-sided Ambush, the Moon Over a Fountain and Jasmine Flower,* which evoked great positive repercussions in society. Moreover, Hangzhou Jia Ping Pictures and Czech Twin Star Film co-produced a movie—"Feather Flies Up the Sky" reflecting the development history of small businesses in the city of Yiwu. In 2017, a very popular TV show —*Chinese Running Men* finished its last episode of this season in the Czech Republic, which received huge local supports as well as strong positive social responses.

12

Development Report on Zhejiang-Czech Economic and Trade
Cooperation under the Framework of the Belt and Road Initiative (2018)

In June, 2017, the Czech Republic as Guest of Honor participated in China-CEEC (Central and Eastern European Countries) Investment and Trade Expo. In addition to the Sino-Czech Economic and Trade Exchange, a series of other promotion activities were also launched such as the opening ceremony of Czech Pavilion, Czech Night, and a music and food festival. A large number of guests and local residents participated in these activities, through which the public deepened their understanding of Czech customs, culture and traditions. Cultural exchange is an effective way to enhance the understanding between Zhejiang and the Czech Republic, which is the irreplaceable basis for further cooperation.

IV. Analysis and Prospects

To make an objective evaluation on cooperation between Zhejiang and the Czech Republic, it is necessary not only to face up to the present foundation of economic and trade cooperation between both sides, but also to fully realize the strategic significance and great possibilities of future cooperation.

Since 2013 Sino-Czech relation has improved and progressed rapidly. Consequently, the opportunities and difficulties will coexist in the economic and trade cooperation between Zhejiang and the Czech Republic in the future. Some of these difficulties are discussed below.

1. Restriction Factors

At present, despite active promotion by the two governments, data about Zhejiang-Czech trade and investment is still unsatisfactory, lacking a confirmed trend toward rapid growth. It shows the two sides have not yet established a proper promotion mechanism for Zhejiang-Czech trade and investment based on the real need of the industry and the market. This is mainly affected by the following factors:

(1) For a long time, Zhejiang and the Czech Republic, without enough mutual understanding, are not major trading and investment partners for each other, which leads to the time lag on the actual trade and investment effects.

In 2016, a research was carried out on 126 enterprises in Zhejiang. The result showed that most of the enterprises in Zhejiang lacked the understanding of the Czech Republic. They knew little about Czech industrial advantages, investment policies or legal environment. Lack of understanding leads to unwillingness to cooperate, therefore, without the strong desire to cooperate, there are no satisfactory cooperative achievements.

(2) Czech's long dependence on the European Union (EU)'s export-oriented economic development path has, to some extent, affected the rapid progress of the cooperation between Zhejiang and the Czech Republic.

The Czech Republic has been heavily dependent on the EU market since its independence in 1993. The Czech Statistics Bureau data show that Czech's exports to the 28 countries in the EU accounted for 83.4% of the total exports of the Czech Republic in 2016, ranking third in the EU member countries only after Slovakia and Luxemburg.

In 2016, Czech's total exports to China only totalled USD 1.917 billion; over the same period, Czech's exports to Germany were as high as USD 52.686 billion, 27 times as much as the exports to China. This huge difference reflects that the Czech Republic relies on Chinese and European markets differently. Both Czech enterprises and consumers deeply rely on the European market, therefore, it requires gradual instead of hasty steps to open the Czech market.

(3) Many concrete and realistic difficulties in trade and investment have restricted the development of economic and trade cooperation between Zhejiang and the Czech Republic.

In terms of trade, Zhejiang-Czech import and export trade is small in scale and the trade promotion policies of both sides lack adequate support. Exports from Zhejiang are significantly larger than imports, and trade surplus is likely to lead to trade protection concerns. As for the trade commodity structure, the expansion of consumer goods trade still lacks market recognition and support. On the other hand, the scale of capital goods trade depends on the linkage mechanism between trade and investment, which has not yet formed.

In terms of investment, without sufficient trade ties, the enterprises lack market awareness and investment direction. For those enterprises in Zhejiang that intend to expand Czech and European markets, they face language barriers, visa restrictions, recruitment difficulties and other practical problems. On the other hand, the Czech government pays more attention to attracting Chinese capital to invest in the Czech Republic to inject new vitality for its economy. However, the Czech government lacks explicit policies to encourage the Czech capital to invest in Zhejiang. Moreover, the Czech Republic lacks large domestic enterprises like Skoda that can cooperate with Zhejiang enterprises. Therefore, the two Sino-Czech industrial zones, which Zhejiang is working hard to promote, are now suffering great pressure to attract investment. It is quite difficult to attract some high-level projects, which can bring more taxes and promote industrial upgrading. It takes time to solve these practical problems.

(4) The current statistical methods cannot comprehensively and objectively reflect the degree of economic dependence among the regional entities in the context of economic globalization.

Transnational corporations often make full use of the investment, taxation and financial policies of their home country and host country, so the home country of their specific investment projects is not limited to the country where the company's headquarters are located. For example, Zhejiang Wanxiang Group acquires American A123 Systems, LLC and invests USD 30 million to set up the lithium-ion battery factory in the Czech Republic. The whole investment cannot be counted as Zhejiang to the Czech Republic's outward investment projects, and the related trade in the European market is not included in the trade from Zhejiang to Czech or Europe. In fact, this project undoubtedly enhances the degree of dependence on Zhejiang-Czech economy. This kind of statistical illusion also exists in the field of trade, because the trade in goods often uses the nearest clearance way to enter the EU market. Consequently, Chinese exported goods used in the Czech Republic may actually be imported from Poland Customs, making it impossible for the Customs trade statistics to list such data in the Zhejiang trade with the Czech Republic.

2. Prospect

As is shown by the previous statistics, currently the scope of Zhejiang-Czech cooperation is small and the foundation needs improving. With the deepening of the understanding of both sides, however, the strategic significance of Zhejiang-Czech cooperation has become increasingly apparent and the possibility for future development has become greater. Zhejiang, as an outstanding representative of China's open economy, has good traditions of pragmatism and innovation, an outstanding industrial advantage, the significant advantage of overseas Zhejiang businessmen and solid open economic foundation. Zhejiang is supposed to take more responsibility and make more contribution in the construction of the Belt and Road Initiative. Therefore, the effort to promote Zhejiang-Czech trade and economic cooperation should not be limited to enlarging the scale of trade, increasing the investment volume and enriching cultural exchanges, but should make active explorations in the following more strategic and influential fields.

(1) Strengthen the construction of policy dialogue mechanisms and enhance policy communication to provide a good policy environment for the economic and trade cooperation.

On the government level, the mechanism of the Zhejiang-Czech joint working group has been officially established and is running efficiently. The governments of both sides have signed *The Memorandum about Establishing Partnership between the People's Government of Zhejiang Province and Czech Governors and Mayors Association* and *The Memorandum of Understanding on Trade and Economic Cooperation between the People's Government of Zhejiang Province and Ministry of Industry and Trade of the Czech Republic*. Meanwhile, Zhejiang and the Czech Republic have actively carried out dialogues in government affairs through the platforms such as China-CEEC Investment and Trade Expo, including the Cooperation and Development Forum, Mayors Conference, Quality Supervision, Inspection and Quarantine Dialogue, and Customs Cooperation Forum. In the future, Zhejiang and the Czech Republic will improve the dialogue mechanism among government departments to promote effective communication and pragmatic cooperation in areas of business, technology, education, tourism and customs, etc, and build a government policy communication system.

On the market level, to accelerate cooperation and communication, Zhejiang and the

Czech Republic have already established a series of project platforms, like Zhejiang theme activities of the Czech-China Investment Forum, Zhejiang section of MSV-International Engineering Fair, China-CEEC Investment and Trade Expo, Sino-Czech (Ningbo) Industrial Zone, Sino-Czech (Pujiang) Crystal Industrial Cooperation Park, Wanfeng Aviation Town in Xinchang. The communication mechanism between Zhejiang-Czech enterprises will be improved and the cooperation carrier will be enriched in the future. The exchange among the trade associations, enterprises, and other organizations will be an essential part of the construction of multi-dimensional Zhejiang-Czech communication mechanism. Along with the increasing improvement of communication mechanisms, the communication between both sides will be deepened, which may push forward the sustainable, healthy and orderly development of Zhejiang-Czech trade and economic cooperation.

(2) Design a new open economic system from a strategic viewpoint for the Belt and Road Initiative, with Zhejiang and the Czech Republic as pivotal partners for each other, to realize the expected utility of covering areas along the Zhejiang-Czech Open Channel and expanding the influence on the neighboring countries and regions.

The strategic system of Zhejiang-Czech cooperation not only includes the cooperation in the traditional areas of trade, investment and cultural exchange but also the system cooperation and mode innovation based on the cooperation in specific areas. Furthermore, it is an active exploration of the connection, integration and win-win cooperation. It is an innovative practice featured with a new economic model called the "Internet Plus" for the Belt and Road Initiative, with Zhejiang and the Czech Republic as pivots to cover areas along the Zhejiang-Czech Open Channel and expand the influence on the neighboring countries and regions.

It is the reform case of China's jointly discussing, building and sharing new open economic platform with other countries. With the increasingly deepening of communication between both sides, the governments of Zhejiang Province and the Czech Republic have a clearer idea of the top-level design. The systematic, forward-looking strategy top-level design will create even broader prospects for trade and economic cooperation between both sides and Zhejiang-Czech cooperation will enter a new phase of booming growth. The cooperation mode of "pivot-channel" will provide live cases of international quality production factors gathered to the pivots and offer opportunities for Zhejiang-Czech regional economic entities to participate in the construction of the Belt and Road Initiative. New channels and carriers of China-Europe market cooperation will be provided and active explorations of China-Europe new open economy system will be conducted.

At present based on the policy communication and cultural exchange, Zhejiang has already built the basic framework of Zhejiang-Czech trade and economic cooperation, linked by the Yiwu-Xinjiang-Europe (YXE) cargo line, supported by platforms such as the Czech station under the Belt and Road Initiative, Sino-Czech (Ningbo) Industrial Park, Sino-Czech (Pujiang) Crystal Industrial Cooperation Park. The priority areas of the industrial cooperation in the framework are advanced manufacturing industries such as aviation, automobile manufacturing, machinery, electronic and electric products as well as new economy and new financial industries such as cross-border e-commerce, Internet Finance, mobile payment, Internet of Things and smart cities. The framework aims to promote the trade, investment and cultural exchange between Zhejiang and Czech and explore the new open economy with Zhejiang and the Czech Republic as pivots for each other to realize the win-win cooperation.

(3) The cooperation in the frontier fields such as cross-border e-commerce, Internet Finance, mobile payment, Internet of Things and smart cities featured with the "Internet Plus" economy and Zhejiang-Czech technology advantage will be the highlights of Zhejiang-Czech cooperation.

In the field of cross-border e-commerce, Alibaba, which is headquartered in Zhejiang Province with a global influence, signed a cooperation memorandum about jointly holding the activity of "Gathering in Czech" with Czech Trade Office in June 2016. The agreement for the project of Central and Eastern European Countries E-commerce Park (Ningbo) in Sino-Czech (Ningbo) Industrial Park was signed in November 2016, which has further promoted the cooperation between both countries in the field of cross-border e-commerce.

In June 2017, Kaola.com, another cross-border e-commerce company, also enhanced marketing interaction with the Czech Republic. Zhejiang-Czech cooperation in the field of cross-border e-commerce will be continuously deepened in the future and more companies of cross-border e-commerce platforms, operation, technology, service and logistics will join Zhejiang-Czech cross-border e-commerce industrial cooperation, which in turn will drive a large number of small- and medium-sized foreign trade enterprises to expand their business scale.

As China plays a leading role in the field of Internet Finance and mobile payment in the world, so is Zhejiang in China. Up to now, more than 40 merchants in the Czech Republic have signed up with Alipay to use the cross-border online payment system, across a range of industries including shopping, restaurants, hotels, museums, sightseeing tour buses, etc., and most of the merchants are located in the old town of Prague. Since the setting up of Alipay account, the average daily transaction number of these merchants has been steadily increasing and the average transaction amount is about RMB 1,200 yuan. As Ant Financial visited the Czech Republic for business investigation again in July 2017, Zhejiang and the Czech Republic will have more cooperation in the construction of a cashless society.

In the field of smart cities and Internet of Things, there are many world-leading companies in Zhejiang, such as Hangzhou Hikvision Digital Technology Co., Ltd. and Dahua Technology Co., Ltd. which rank top 2 in terms of market share of IHS video surveillance products, Lierda Science and Technology Group Co., Ltd. which is the solution supplier of embedded systems of Internet of Things and intelligence products, Zhengyuan Zhihui

Technology Co., Ltd. which provides the solution and operation service of smart cities and smart parks. The Zhejiang-Czech channel has great potential to boost the cooperation in the industry of smart cities and Internet of Things. Furthermore, the cooperation of core enterprises will propel the linkage of upstream and downstream industries.

Looking forward to the development of Zhejiang-Czech trade and economic cooperation, the governments of two countries have attached great importance to the economic and trade ties between the two sides, which serves as a stable policy guarantee. The globalization operation of multinational enterprises like Wanxiang, Wanfeng Auto, and Chint will promote Zhejiang-Czech trade and economic cooperation in industries of aviation, automobile manufacturing, machinery, electronic and electric products. The strategy of using "going global" to drive "bringing in" will benefit the upstream and downstream enterprises of the industrial chain. With the development of companies of new economy and new finance industry such as Alibaba, Kaola.com, Ant Financial, Hikvision, and Dahua Technology, the new areas of Zhejiang-Czech cooperation will be expanded. The construction of the "Online Silk Road" will be promoted. The involvement of many new and high technology enterprises will also lead to the technology-driven package of innovation in trade and investment modes featured with the "Internet Plus". Through the cultural exchanges in areas of education, tourism, movie and TV, entertainment and art, etc., the Zhejiang-Czech trade in services will be boosted. On the basis of favourable policy environment and cultural exchanges, we should make use of the advantage of advanced manufacturing industries as well as new economy and new finance industry to design, build and implement a number of major platforms and projects, bringing bright prospect to Zhejiang-Czech trade and economic cooperation.

Part 2

Development:

Analysis of Strategic Position and

Priority Areas of Zhejiang-Czech Cooperation

Introduction

◆ **Strategic Position**

Zhejiang-Czech Cooperation takes advantages of cultural affinity, trade complementarity and accessible trade routes for both sides, recognizing each other as a key place when building the Eurasia Land Bridge under the Belt and Road Initiative construction. Under the Belt and Road Initiative construction, Zhejiang and the Czech Republic discuss, build and share the Zhejiang-Czech Channel for each other, creating a new platform for open economy with advanced features of the "Internet Plus" era, and realizing the new functional targets: system interaction, factor agglomeration, value creation and model innovation.

◆ **Framework Design for Cooperation**

Zhejiang-Czech cooperation is guaranteed by the construction of communication mechanisms, ensuring smooth exchanges in the cooperation policy between both sides. Furthermore, it carries out the platform construction through the Czech station under the Belt and Road Initiative and the two Sino-Czech industrial zones (Ningbo and Pujiang). It takes the Yiwu-Xinjiang-Europe (YXE) cargo line as a link to promote trade and investment, ensuring the connections of facilities of both sides. Moreover, the cooperation helps the industry convergence and facilitates trade and finance, supported by traditional industries like aviation, automobile, machinery, electronic and electric, characteristic industries like traditional Chinese medicine and Chinese food, emerging industries like cross-border e-commerce, Internet Finance, mobile payment, Internet of Things and smart cities. In addition, the cooperation promotes cultural exchanges and strengthens people-to-people bonds by enriching activities in tourism, education, film and TV, entertainment and sports.

◆ **Analysis of Priority Areas**

The priority areas include four aspects: the construction of communication mechanism, platform construction, industry convergence and cultural exchanges. The construction of communication mechanism is the basis. Platform construction covers the construction of the Czech station under the Belt and Road Initiative, the YXE cargo line and international industrial parks in China, etc. Industry convergence mainly involves advanced manufacturing industries like aviation, automobiles, electronics and electrical industries, and characteristic industries like traditional Chinese medicine and Chinese food, cross-border e-commerce, Internet of Things, mobile payment and Internet Finance, etc. Cultural exchanges are expected to be strengthened in areas of education, tourism, cultures, sports and entertainment, etc.

Zhejiang, with a tradition of courageous exploration and innovation for centuries, takes the lead in the process of China's opening-up and establishes a dominant position full of distinctive advantages. Thanks to its flexible system and mechanism, developed private economy and abundant capital, Zhejiang has created competitive economic clusters, featured with massive characteristic industries. As Zhejiang businessmen leave their footprints all over the globe, Zhejiang boasts a group of private enterprises with major influence in the world. Zhejiang was facing the new task of improving quality and efficiency of opening-up when the Belt and Road Initiative was proposed in 2013. As a result, with the construction of the Belt and Road Initiative, it becomes the context and core for Zhejiang's economic development in a new era to upgrade its level of opening-up. Based on the construction of the Belt and Road Initiative, the cooperation between Zhejiang and the Czech Republic is exactly in context with the new round of opening-up strategy. This not only enhances the connection and integration of current industries for both sides, but also deepens the strategic thinking for connecting both opening-up systems under the "Internet Plus" era, reflecting the characteristics of the times: openness, inclusiveness, eco-orientation and altruism. Hence, having an insight for the strategic position of Zhejiang-Czech cooperation has both real significance and research value to the prospective and systematic design on the framework of cooperation.

Ⅰ. Strategic Position

Zhejiang-Czech Cooperation takes advantages of cultural affinity, trade complementarity and accessible trade routes for both sides, recognizing each other as a pivot when building the Eurasia Land Bridge under the Belt and Road Initiative construction. Under the Belt and Road Initiative construction, Zhejiang and the Czech Republic discuss, build and share the Zhejiang-Czech Channel for each other, creating a new platform for open economy with advanced features of the "Internet Plus" era, and realizing the new functional targets: system interaction, factor agglomeration, value creation and model innovation (as shown in Figure 2-1).

As Zhejiang and the Czech Republic build partnership by the Zhejiang-Czech Channel, the two sides start to form a symbiotic relationship and enjoy the mutually beneficial effects for each other. Besides, the cooperation will bring flows of talent, goods, capital, information and innovation resources from China-EU economy and trade to both Zhejiang and the Czech Republic and the neighbouring areas. As a result, interconnection, co-construction and sharing between the two sides will be achieved. Zhejiang can smooth the Zhejiang-Czech Channel by the Czech station under the Belt and Road Initiative as a platform and use the Yiwu-Xinjiang-Europe (YXE) cargo line as a link to create value in European markets, giving full play to the traditional strength of economic clusters and professional markets. Meanwhile, Zhejiang will develop new advantages in "Internet Plus" industries, promoting cooperation in cross-border e-commerce, Internet Finance, mobile payment, Internet of Things and smart cities in European markets. While Zhejiang is achieving a better quality and efficiency in the process of opening-up during the construction of the Belt and Road Initiative, the Czech Republic is also expected to become a center to present "Smart Zhejiang", a center to gather economic activities and an economic center featured with "Internet Plus" industries between China and EU.

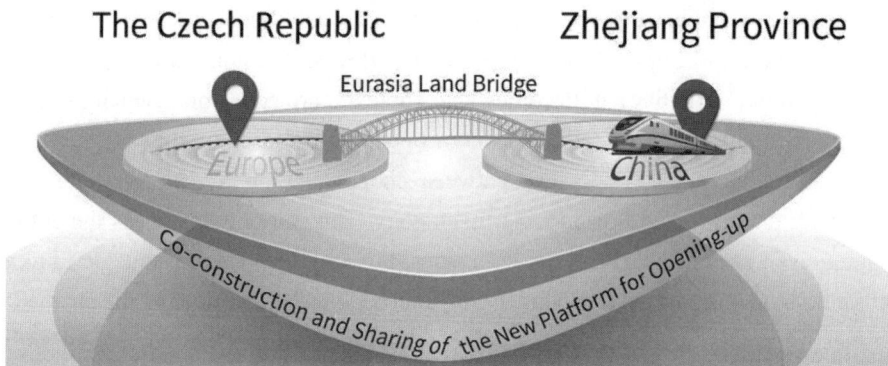

Figure 2-1   Strategic Position of Zhejiang-Czech Cooperation

II. Framework Design for Cooperation

Under the Belt and Road Initiative construction, Zhejiang-Czech cooperation is comprehensive and deep, targeting at a full connection of the two economic systems. Therefore, we expect a strategic, forward-looking and overall top-level design to meet realistic interests, long-term cultural exchanges, industry convergence as well as the construction of communication mechanisms and other platforms. Based on the current situation, the design can also reflect real needs for markets of both sides and cooperative potential for two parties, exploring new areas of strengths.

1. General Framework

Zhejiang-Czech cooperation is guaranteed by the construction of communication mechanisms, ensuring smooth exchanges in cooperation policy between both sides. Furthermore, it carries out the platform construction through the Czech station under the Belt and Road Initiative and the two China-Czech industrial zones (Ningbo and Pujiang). It takes the Yiwu-Xinjiang-Europe cargo line as a link to advance trade and investment, ensuring the connections of facilities of both sides. Moreover, the cooperation helps the industry convergence and facilitates trade and finance of both sides, supported by traditional industries like aviation, automobiles, machinery, electronic and electric industries, characteristic industries like traditional Chinese medicine and Chinese food, emerging industries like cross-border e-commerce, Internet Finance, mobile payment, Internet of Things and smart cities. In addition, the cooperation promotes cultural exchanges and strengthens people-to-people bonds by enriching activities in tourism, education, sports, film and TV, entertainment and so on (as shown in Figure 2-2).

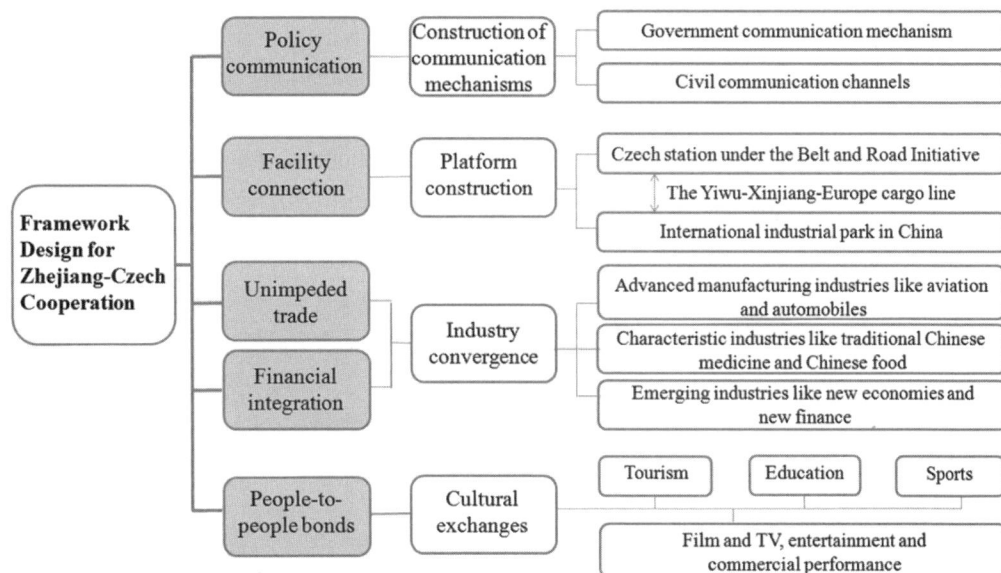

Figure 2-2　Framework Design for Zhejiang-Czech Cooperation

2. Specifics

(1) Communication mechanisms are guarantees. We should construct multilevel and three-dimensional communication mechanisms including those for governments, enterprises and various kinds of society organizations, enhancing policy communication for both sides.

In order to keep the communication channels open, ensuring effective and efficient communication between Zhejiang and the Czech Republic, the construction of communication

24

Development Report on Zhejiang-Czech Economic and Trade
Cooperation under the Framework of the Belt and Road Initiative (2018)

mechanisms is expected to be actively promoted. Multilevel and three-dimensional communication systems should at least include communication channels at two levels and several directions (as shown in Figure 2-3).

Under the government context, Zhejiang-Czech communication mechanisms may be gradually promoted in three directions. First, high-level visits and exchanges should be carried out between governments to define willingness to cooperate between both sides and to exchange major cooperation intentions and to solve key problems. Second, we should facilitate the connection and communication channels between government departments, improve the working mechanisms for the joint working groups and implement tasks specifically. Third, official platforms should be set up for communication. Currently, platforms like China-CEEC Investment and Trade Expo and China Investment Forum in the Czech Republic are working well for communication between Zhejiang and the Czech Republic.

In terms of civil communication, Zhejiang-Czech communication mechanics can be productive in four major aspects. First, we should give full play to Zhejiang multinational corporations and strengthen the exchanges and cooperation for market players. Second, we should make the most of overseas Chinese entrepreneurs who come from Zhejiang to promote exchanges of economy, trade and culture. Third, industry associations, academies and various civil society organizations should get involved in the construction of communication mechanisms to bring effective communication to a specific field. Last but not least, we should make the best of academic communities like universities and research institutes to intensify cooperation between education and the joint research programs.

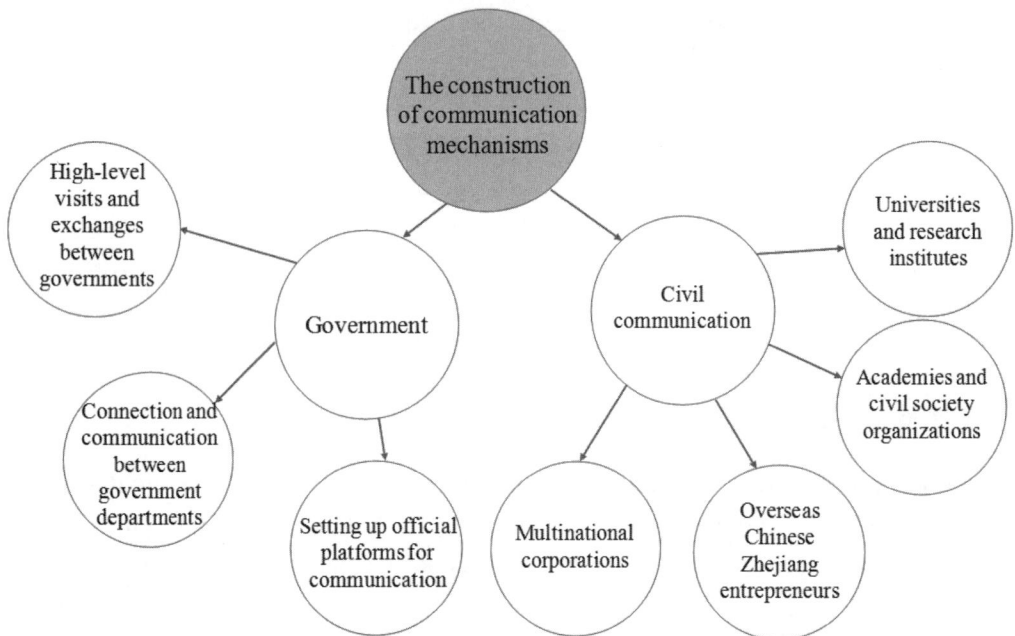

Figure 2-3　Communication Mechanism for Zhejiang and the Czech Republic

(2) The platform construction is critical. The full connection of facilities on both sides may be facilitated by making good use of key projects like domestic and international industrial zones and transportation facilities etc.

Platform projects are the framework of the whole construction system, playing an important role in gathering platforms, incubating projects, demonstrating and setting models and connecting projects. Above all, choosing the right platforms for the structure of the system is crucial. With the emphasis on the construction of Zhejiang-Czech Channel, the cooperation between Zhejiang and the Czech Republic should promote deep industry convergence, give play to geographic functions in China and Europe respectively and enhance the connection for opening-up systems of both sides. As a consequence, the platform for Zhejiang-Czech cooperation needs to meet the demands of industry convergence and expand its function in presentation and culture exchanges between the two sides. As for connecting facilities for both sides, basic functions like collecting, distributing and warehousing tangible goods need to be achieved in the first place. And in response to domestic and international industrial zones, the construction of cooperation platforms for Zhejiang-Czech cooperation starts from connecting transportation facilities, and then hopefully innovates mechanisms on the basis of mutual discussion, co-building and sharing during the process of platform operation.

(3) Industry convergence is the foundation. The unimpeded trade and financial integration between both sides should be promoted based on three aspects: advanced manufacturing industry, featured industries and new economies and new finance.

Zhejiang-Czech industrial cooperation is the cornerstone of the connectivity regarding the open system of both sides. The depth and breadth of industry convergence reflects not only the degree of economic interdependence between Zhejiang and the Czech Republic, but also the industry matching degree and market interests. Only when industries are deeply integrated can the open economic system of both sides realize connectivity. Based on the analysis of Zhejiang-Czech industry status and the market development, it can be concluded that aerospace, automobile manufacturing, machinery, electronic and electrical industries and other advanced manufacturing industries are the main areas of Zhejiang-Czech industrial cooperation, while traditional Chinese medicine and Chinese food industry are also featured fields of industry cooperation. Additionally, the new economy and new finance fields supported by Internet technology are new areas of cooperation between Zhejiang and the Czech Republic, which have great potential.

The following three principles should be adhered to so as to promote the industrial cooperation between Zhejiang and the Czech Republic.

① The principle of strengthening government guidance and enterprise responsibility.

To promote Zhejiang-Czech cooperation, we should avoid hasty and aggressive strategy and respect the rules of the market. Enterprises should be vigorously supported and encouraged to play the major role in markets, and screen suitable projects and find the best partners according to their own needs and the principle of maximum benefit. Markets should assume a dominant role in the allocation of resources. Meanwhile, governments should provide guidance and services in order to create a favourable policy environment, and help enterprises better explore their market and achieve their development.

② The principle of openness: Planning Zhejiang-Czech cooperation and ensuring its core position in the macro pattern of China-EU cooperation.

It is crucial to understand the policy of openness exactly in promoting the further comprehensive cooperation between Zhejiang and the Czech Republic. Openness is the characteristic of the "Internet Plus" era, in which various subjects with relevant interests enjoy agglomeration effects and create a win-win ecological circle through platform and channel construction. What's more, openness is not limited to the development of the Internet industry, but rather a change in the mode of thinking and behavior and a challenge to "zero sum game". By adhering to the principle of openness and promoting cooperation between Zhejiang and the Czech Republic, it is actually to understand the pattern and significance of the Zhejiang-Czech cooperation by means of Internet thinking and ensure the role of Zhejiang-Czech cooperation as a junction in the macro pattern of China-EU cooperation. The Zhejiang-Czech Channel is to be constructed as an open platform to attract stakeholders to participate in and achieve a win-win situation, with Zhejiang and the Czech Republic taking the lead and with multiple parties getting involved. In other words, by "Zhejiang-Czech cooperation" it is not only limited to Zhejiang and the Czech Republic, but also to involve the developing and promoting of a new open platform jointly built through consultation to meet the interests of all parties under the Belt and Road Initiative.

③ The principle of being advanced: Displaying advanced technology, advanced concept and advanced modes in industrial cooperation; fostering cooperation in the fields of new economy and new finance.

Zhejiang is a major manufacturing province with a number of advanced manufacturing enterprises, such as Wanxiang, Wanfeng Auto, and Chint. On the other hand, the Czech Republic is the most powerful industrial country in Central and Eastern Europe, with advantages in aerospace, automobile manufacturing, machinery, electronic and electrical products etc. Therefore, the Zhejiang-Czech cooperation in the manufacturing sector shows the obvious characteristic of advanced technology. In addition, Zhejiang also has a batch of well-known enterprises in new economy and new finance, such as Alibaba, Kaola.com, Ant Financial, Hikvision, Dahua Technology, etc. These enterprises have developed rapidly and won rising global influence in the "Internet Plus" industry innovation, based on big data, cloud computing and Artificial Intelligence (AI) technology. With technology-driven products and services, the overseas expansion of these enterprises has brought along a series of innovations in trade, investment and cooperation models with characteristics of the "Internet plus" era. We should actively promote and give priority to these fields, which are predicted to be important in the industrial cooperation between Zhejiang and the Czech Republic in the future.

For cooperation in the field of advanced manufacturing, the key words are "technology + industrial chain". We should take advanced technical cooperation as the core, extend to the upper and lower reaches of the industrial chain, and promote the "bringing in" strategy with the help of "going global" strategy. The key enterprises are supposed to promote continuous and deep cooperation among upstream and downstream enterprises in the industrial chain in order to achieve a cooperative synergy effect.

As to the cooperation in the fields of new economy and new finance, the key words are "technology + business model". With large data and cloud computing technology as the core, combined with artificial intelligence and biometric technology, technology applications in the new economy and new finance continue to expand. The "Internet Plus" technology is integrated more widely into different industries. Win-win business model innovations are being carried out in this "Internet Plus" era. More and more companies with technological advantages are shifting from the role of a single technology solution provider to a system integrator, and as a result, international cooperation based on business models is increasing. In the future, the importance and influence of this "technology + business model" international cooperation will be increasingly improved in Zhejiang-Czech Cooperation.

(4) Cultural exchanges are fundamental. We should create colourful and extensive opportunities for communication in order to enhance mutual understanding and promote people-to-people bonds.

Trust, as the cornerstone of cooperation between two sides, comes from understanding. There is still a lack of in-depth understanding due to the comparatively short time of the relationship between both sides. Mutual understanding and identification need to be further deepened. Therefore, the fundamental task is to enhance cultural exchanges in Zhejiang-Czech cooperation. Sustained attention should be given to promote mutual understanding and trust in order to consolidate the foundation of cooperation and enhance people-to-people bonds.

To strengthen the cultural exchanges between Zhejiang and the Czech Republic, various forms of cooperation and exchanges may be carried out in various fields, such as tourism, education, sports and art. We should give full play to the advantages of high-quality tourism resources in Zhejiang and Prague, promote tourism resources and expand the scale of tourism from both sides. Exchange students and visiting scholars are expected to carry out educational and scientific cooperation. In addition, we should strengthen Zhejiang-Czech cooperation in such fields as commercial performances, film and television, entertainment and so on in order to maximize the wide communication advantages of film, television and entertainment. What's more, we should also enhance cooperation in the advantageous sports events such as table tennis, badminton, swimming from Zhejiang and ice hockey from the Czech Republic by exchanging coaches between the two sides.

(5) The system connectivity is the aim. We should construct the Zhejiang-Czech Channel catering to Eurasia Land Bridge under the Belt and Road Initiative to realize

the endogenous synergy of the Zhejiang-Czech open economic system and promote overall and deep cooperation between the two sides.

The cooperation between Zhejiang and the Czech Republic is not merely simple industrial cooperation, but an exploration of new cooperation mode in the "Internet Plus" era. It is also a reform and innovation of co-constructing the Belt and Road Initiative and sharing the open platform. The cooperation is based on but not limited to the concrete cooperation in traditional trade, investment, people-to-people exchanges, etc. To reflect the new requirements of the "Internet Plus" economy and construct an open platform for the Belt and Road Initiative, Zhejiang and the Czech Republic are expected to serve as two bi-directional junctions connecting the areas between them and expand their respective influence to their neighboring countries or areas. During the process, we should discuss how to continuously bring Zhejiang's advantage of element convergence into full play and integrate domestic resources from other provinces and cities to build the Zhejiang-Czech Channel in order to make Zhejiang a quality carrier in serving the implementation of the Belt and Road Initiative nationwide and an influential junction in Chinese market. On the other hand, analysis should be made to find out the development appeals in the Czech Republic's development and ways to stimulate the enthusiasm of its people and take advantage of its role as the bridgehead for Europe, so that it can play a more important role in the field of innovative resource integration and industrial chain layout in China-EU cooperation. The Junction-Channel cooperation mode between Zhejiang and the Czech Republic will provide examples of how international quality element clustering towards junctions. The mode will serve as a new platform and provide for regional economic entities between Zhejiang and the Czech Republic to participate in the Belt and Road Initiative. It will also create new carriers for the cooperation of European and Chinese markets, to actively explore the new open economic system between China and Europe.

III. Analysis of Priority Areas

1. Construction of Communication Mechanisms

At present, the Zhejiang-Czech joint working group has officially established its working mechanism. The provincial government of Zhejiang Province has signed a memorandum of cooperation with the Czech Governors and Mayors Association and the Ministry of Industry and Trade of the Czech Republic. Communication and dialogues in the field of government affairs have been enhanced between Zhejiang and the Czech Republic through programs such as Cooperation and Development Forum, Governors and Mayors Summit, Quality Supervision, Inspection and Quarantine Dialogue, and Customs Development Forum held during the China-CEEC Investment and Trade Expo. Various forms of cooperation have been carried out among enterprises, associations, organizations, colleges, and scientific research institutes. As a result, a multilevel and all-dimensional mechanism of communication mechanism is gradually taking shape. We should pay attention to the following five aspects in the follow-up construction.

1) We should make efforts to enhance and normalize the working mechanism of the Zhejiang-Czech joint working group.

2) We should further promote visits, exchanges and communication between both sides, especially high-level visits to communicate adequately on major issues.

3) We should focus on promoting the construction of cooperation mechanisms among government departments, such as commerce, customs, commodity inspection, science and technology, education, tourism, culture and other relevant government departments. Meanwhile, we should also sign memorandums of cooperation, and establish communication mechanism to strengthen communication and coordination in relevant affairs.

4) We should give full play to the communication channels among the general public. We should also make full use of the resources of large multinational companies and overseas Chinese in the Czech Republic to strengthen civil communication and enhance pragmatic cooperation.

5) We should strive to promote the carrier function of the large-scale platform activities, such as China-CEEC Expo, Czech-China Investment Forum in order to facilitate effective communication in a number of areas.

2. Platform Construction

(1) The Czech station under the Belt and Road Initiative

The construction project of the Czech station under the Belt and Road Initiative, proposed by Zhejiang Province at the 2017 Czech-China Investment Forum as a key project of Zhejiang and Czech cooperation, received a warm response from the Czech Republic. The project of the Czech station under the Belt and Road Initiative is a comprehensive and systematic project with functions of center, station and transfer. The two sides of Zhejiang and Czech cooperation is to work closely together to construct the industrial eco-chain of the Belt and Road Initiative, to build an open system of China-Europe cargo line, logistics distribution, production and processing, cross-border e-commerce, display and communication, cultural cooperation, etc. According to its design, there are concrete project carriers, such as a trade logistics park, Czech Overseas Warehouse Cross-border E-commerce Base, production and processing base, etc., with the aim of building it into a demonstrative project of all-round cooperation between China and Europe and the important platform open to both Zhejiang and the Czech Republic.

At the early stage, the construction of the Czech station under the Belt and Road Initiative will give play to the basic functions of trade and logistics, driven by the Yiwu-Xinjiang-Europe (YXE) cargo line, with the construction of a smart and informational modern logistics and service system as the core to cover the whole European market, offering various services such as collecting and distributing, warehousing, distribution, drayage, transportation, after-sale services for commodities of China and Europe. It aims to make the Czech station the collecting and distributing center, warehousing and logistics center, and shared service center for China-Europe mutual trade commodities. The Czech station at the beginning will mainly focus on the construction of trade and logistics functions, making full use of the Czech Republic's geographical location and infrastructure advantages. In fact, Prague in the Czech Republic and its surrounding areas have become the hot area of global cross-border e-commerce supplying chain. Amazon, the cross-border e-commerce giant, has established a warehousing and logistics and returns center in Czech, which has a single building area of 200,000 square meters. The cross-border e-commerce and logistics enterprises of China have taken actions as well, for example, 4PX EXPRESS Logistics Company of China has invested and constructed a warehousing and logistics center in southwestern Prague with 68,600 square meters, which has come into service at the end of 2017. YTO Express has been actively planning to establish its European smart logistics system. Some Chinese e-commerce enterprises have established overseas warehouses in Prague as well. Therefore, during the process of the construction of the Czech station under the Belt and Road Initiative, it is important to combine the hardware construction of commerce and the trade logistics park together with the logistics service system construction, and to integrate the existing logistics express networks of Czech and even the whole of Europe. With the Czech Republic as the center, we aim to construct a smart and information based modern logistics service system, offering the added value services of collecting and distribution, warehousing, logistics and after-sales service, etc. On the basis of it, we may expand the production and manufacturing, cross-border e-commerce, and other service functions of the Czech station, making it a comprehensive project platform for cooperation between Zhejiang and the Czech Republic.

(2) The Yiwu-Xinjiang-Europe (YXE) cargo line

The Yiwu-Xinjiang-Europe (YXE) cargo line refers to the railway transportation line starting from Yiwu, Zhejiang, via Alataw Pass, Xinjiang, to the European market. The YXE cargo line started on April 23, 2013, run by Yiwu Tianmeng Industrial Investment Co., Ltd. Now it has opened eight regular cargo lines including the sea-railway combined transport, Yiwu-five countries in central Asia, Yiwu-Spain, Yiwu-Iran, Yiwu-Russia, Yiwu-Afghanistan, Yiwu-Belarus, Yiwu-Latvia. In July 2017, with the first launch of Yiwu-Prague freight train, the ninth line to the regular trains of the YXE cargo line has come into being. Meanwhile, Yiwu, as one of the eight starting railway stations, has been listed in China Railway Express Construction Development Plan (2016—2020) by the National Development and Reform Commission. In 2017, the YXE cargo line operated 168 times, a rise of 84.3% from the previous year. Starting from March 1st, 2017, the Yiwu-Xinjiang-Europe cargo line has one return train every week and the average value of the goods in the return trains reached USD 100,000 per container.

To support the construction of the Czech station under the Belt and Road Initiative, the YXE cargo line should make use of its transport links, increase its transport capacity and operating benefits in the main line transportation, and unite the logistics suppliers of the feeder line transportation to co-construct a logistics service network. At this stage, the YXE cargo line mainly focuses on solving the problem of inadequate hardware facilities in the stations of terminal cities of existing cargo lines that can't meet the development needs of YXE and other China-Europe cargo lines. The existing China-Europe cargo lines mainly end in the hub cities of western European countries, such as Duisburg, Germany. However, at present the carrying capacity of stations in those cities is almost saturated, and during the process of operation, the China-Europe cargo lines are under more restrictions and local railway operation management and lack the initiative. If we can rely on the Czech station under the Belt and Road Initiative as the core, and construct the China-Europe special cargo lines with rails, lifting equipment and storage yard warehouse, the YXE cargo line will then increase its influence during the operation process and serve other China-Europe cargo lines. Therefore, it can make full use of the function of the China-Europe cargo line in the main line transportation, coordinate the feeder line distribution and delivery of warehousing logistics center, and co-support its functional position of the Czech station as the warehousing logistics center.

(3) International industrial parks in China

Currently, there are two international industrial parks in Zhejiang which are especially for the Czech Republic cooperation: Sino-Czech (Ningbo) Industrial Cooperation Park and Sino-Czech (Pujiang) Crystal Industrial Cooperation Park.

① Sino-Czech (Ningbo) Industrial Cooperation Park

On June 19, 2016, Zhejiang Government and Ministry of Industry and Trade of the Czech Republic signed the Memorandum on Trade and Economic Cooperation. Both sides definitely give due support to the Sino-Czech (Ningbo) Industrial Cooperation Park, which is included in the memorandum, with a planned total area of 35 square kilometers. AECOM America, a global renowned planning consultancy, is commissioned to make the cooperation park's comprehensive planning and city design, with the purpose of building up a comprehensive international industrial cooperation park. It includes the industrial base, the commercial platform, the communication bridge and other arrangements, in order to make it a national strategic stronghold of the Belt and Road Initiative and a demonstration platform for international regional cooperation.

Currently, attractive policies of investment promotion have been made for the industrial park with a series of preferential conditions like land preference, rental subsidies, financing interest subsidies and equipment subsidies, etc. The bonded warehouses in the park have already been established and the International Mail Exchange Bureau is under application, so as to offer a better and convenient environment for trade. In May, 2017, the Investment Promotion Office was set up in the Czech Republic, with the first group of resident investment promotion staff assigned and Czech investment agents employed. Furthermore, we gave full play to the bridging role of overseas investment promotion officers and investment agents, strengthening communication with the local community and improving investment promotion and capital attraction so as to attract competitive cooperation programs from the Czech Republic to settle in the park. In October, 2017, General Office of Zhejiang Provincial Government approved of setting up Sino-Czech (Ningbo) Industrial Cooperation Park. On January 29, 2018, the industrial park had a formal plaque awarding ceremony and staged a contract-signing ceremony of major projects.

As an industrial base, Sino-Czech (Ningbo) Industrial Cooperation Park focuses on importing from the Czech Republic motor vehicles parts, mechanical equipment, electrical engineering, general aviation, new materials, biotechnology and other advantageous industrial projects. Meanwhile, strong local enterprises are encouraged to invest in projects and expand markets into the Czech Republic and other neighboring central and eastern European countries. As a commercial platform, this cooperation park gives its priorities to the cross-border commerce and trade which are oriented to the central and eastern European and neighboring countries, developing the supporting service industrial chain of exhibition and sales, product experience, advertising and marketing, logistics and distribution, information consultation, bonded storage, customs clearance and accounting legislation. It aims to promote industrial investments through trade. As the communication bridge with favourable conditions of direct flights at the nearest airport, the cooperation park will enhance cultural communication and trade investments through various ways including cross-border tourism cooperation, arts and cultural communication, international cooperative education, etc.

② Sino-Czech (Pujiang) Crystal Industrial Cooperation Park

On October 16, 2016, at the opening ceremony of the 8th Crystal Industry Expo, Vice-governor Liang Liming officially inaugurated the Sino-Czech (Pujiang) Crystal Industrial Cooperation Park. The planned area of its first phase is about 850 *mu*, or 566,670 square meters. With the objective of building the crystal production and sales center in China and even in the world, the first phase of construction is to build the town hall, Czech Style Street, R&D base, corporate headquarters, marketing center, crystal exhibition center, Crystal Hotel, maker space, etc. With a proper arrangement of industrial transformation and upgrading elements of maker space, innovation, design, R&D, exhibition, promotion, sales, finance, upstream/downstream industries to form a comprehensive industrial ecologic chain, the cooperation park is to create an industrial complex containing various commercial activities such as crystal product design and R&D, production and manufacturing, industrial tourism, product experience, etc.

In August, 2016, the Crystal Industrial Park invited former Prime Minister of the Czech Republic and Chairman of the New Silk Road Infrastructure Construction and Technology Association, Mr. Peter Necas, to be its senior consultant. On October 2, 2016, Jinhua Municipal Government and China CEFC Energy Company Limited reached the Pujiang

Crystal Town Strategic Cooperation Investment Agreement and Special Industry Fund Investment Agreement. China CEFC Energy Company Limited was fully involved in the planning, investment, development and construction of Pujiang Crystal Town (Sino-Czech Industrial Cooperation Park). Both sides have jointly raised a total fund of 10 billion yuan. China CEFC set up CEFC (Pujiang) Crystal Town Investment and Development Company Limited, and also Sino-foreign joint venture (cooperation) enterprise to carry out the crystal industrial program construction of an industrial base, a sales center, etc. In addition, it is going to attract enterprises of industry benchmarks to settle in Pujiang, and further develop the crystal enterprises in Pujiang. Through the influential power of the second European headquarters of China CEFC, the park plans to attract renowned crystal brands. Some cooperation projects of crystal production and sales are currently under negotiation. China CEFC is planning to set up a crystal product marketing headquarters in the park. Czech Royal Glass Art Institute will settle in the Sino-Czech (Pujiang) Crystal Industrial Cooperation Park to open a school and carry out joint training of crystal technicians.

3. Industry Convergence

(1) Aviation, automobile, machinery, electronic and electrical industries, and other advanced manufacturing industries

The Czech Republic is a traditional European industrial power with advanced technology in the fields of machinery manufacturing, aviation technology and services, automobile, chemical engineering, environmental protection, energy and so on. The automobile industry is the pillar industry of the Czech Republic, which accounts for 1/4 of its total industrial output value. At present, more than 40 of the 100 most important companies of the world automobile industry have invested to set up branches in the Czech Republic. The aviation industry is also one of the most important traditional industries in the Czech Republic. The Czech Republic has the world's most advanced technology to produce civil aircraft, sports aircraft and private small aircraft, with complete intellectual property. The Czech Republic is the world's largest producer of ultra-light aircraft after Germany, with more than 80% of its products exported to European Union countries. At present, there are seven aircraft manufacturers in the Czech Republic, among which Aero Vodochody is the world's largest jet trainer manufacturers. Moreover, electrical and electronic industries in the Czech Republic, with high added value, low energy consumption and low environmental burden etc., mainly concentrate in the high current electrical technology, computer technology, audio-visual equipment and electronic components, instrumentation and automation equipment industry.

Zhejiang is a major and strong manufacturing province in China. In recent years, to implement the spirit of the Zhejiang Action Plan for Made in China 2025, Zhejiang has made great efforts to promote the development of high-end equipment manufacturing (smart manufacturing), and a group of outstanding enterprises have emerged in aviation, automobile, machinery, electronics and electrical fields. Therefore, Zhejiang and the Czech Republic should

34

Development Report on Zhejiang-Czech Economic and Trade
Cooperation under the Framework of the Belt and Road Initiative (2018)

give full play to comparative advantages and carry out global cooperation on production capacity, promoting effective connection between "Made in China 2025" and "Czech industry 4.0". In the advanced manufacturing industry, Zhejiang and the Czech Republic have strong complementarity, making it possible to encourage enterprises to carry out industrial cooperation. Cooperation between both sides can be achieved by making full use of the investment incentives supported by the Czech government on foreign investment, which will promote Zhejiang-Czech technical exchanges in the advanced manufacturing industry, refine industry divisions, strengthen the marketing network sharing, and achieve the comprehensive and deep integration of industrial chains.

(2) Traditional Chinese medical science, Chinese food and other special industries

Chinese culture has a long history, with traditional medicine science and Chinese food as two outstanding representatives. Under "the Belt and Road Initiative", Zhejiang and the Czech Republic can strengthen cooperation with characteristic industries, represented by traditional Chinese medicine and Chinese food, so as to narrow the cultural and psychological distance of the people in Zhejiang and the Czech Republic.

In recent years, more and more Europeans have developed a strong interest and deep understanding in traditional Chinese medicine. The cooperation in the field of traditional Chinese medicine between China and Europe is transforming from the level of communication to substantive cooperation at the operational level. In June 2015, Czech Hradec Králové State Hospital Chinese medicine center—the first Chinese traditional medicine center supported by both governments in Central and Eastern Europe—was established. The Czech government has incorporated traditional Chinese medicine and treatment into the universal medical insurance program to further promote the development of traditional Chinese medicine in the Czech Republic. Zhejiang Chinese Medical University and University of West Bohemian in the Czech Republic have signed the cooperation agreement that they will work closely in the fields of traditional Chinese medicine education, treatment and scientific research, promoting the interaction and exchange between teachers and students. At present, there are nearly 100 traditional Chinese medicine clinics in the Czech Republic, mainly providing rehabilitation therapy such as acupuncture and massage, with a good reputation in the treatment of chronic diseases and infertility.

Zhejiang may strengthen cooperation with the Czech Republic in the field of traditional Chinese medicine on the basis of a number of first-class medical schools, including Zhejiang University School of Medicine, Zhejiang Chinese Medicine University and Wenzhou Medical University, and many medical institutions ranking grade A. It will help the traditional medicine enter the Czech Republic, provide traditional medical care services for the people of the Czech Republic, promote the Chinese practitioners in the Czech Republic to gain qualification, legalization, help traditional Chinese medicine in the Czech Republic to gain legalization, and gradually solves a series of issues related to laws, regulations and policy management concerning the overseas development of Chinese medicine, such as academic qualification, career qualification, drug registration, permits of opening Chinese medicine clinics, insurance qualification, intellectual property protection and so on.

Food is not only a global language but also a bond linking cultures and friends. With regards to the relationship between China and the Czech Republic, Chinese food serves as a platform to enhance the relationship between the two nations. Thanks to the dominant market position for Zhejiang restaurants in Czech high-end food market, Chinese food can play an important role in the high-end restaurant industry in the Czech Republic. Famous Chinese brands and franchises, combined with high-level scaled business models are pivotal in promoting Chinese food culture to the Czech Republic and help them gain an understanding of Chinese culture.

(3) Cross-border e-commerce

Zhejiang has two national cross-border e-commerce comprehensive pilot zones, namely Hangzhou and Ningbo. With good market atmosphere and Alibaba as a leading enterprise, Zhejiang has attracted many major enterprises of cross-border e-commerce, such as DH gate.com, OSell, Kaola.com, JD Worldwide, etc. In recent years, the trade scale of cross-border e-commerce expands rapidly, the number of traders rises gradually, the supporting service system of logistics, financing, customs clearance, tax rebate, etc. improves day by day, and "the single window" comprehensive service platform has begun to take shape in Zhejiang. The cross-border e-commerce in Zhejiang has made rapid progress, which has exerted some influence in China, even in the world. Therefore the cross-border e-commerce has become the field with great potential in the economic and trade cooperation between Zhejiang and Czech.

In the future, Zhejiang can deepen the cooperation with the Czech Republic in four aspects, namely cross-border trade, cross-border payment, cross-border logistics, and other supporting services (as shown in Figure 2-4).

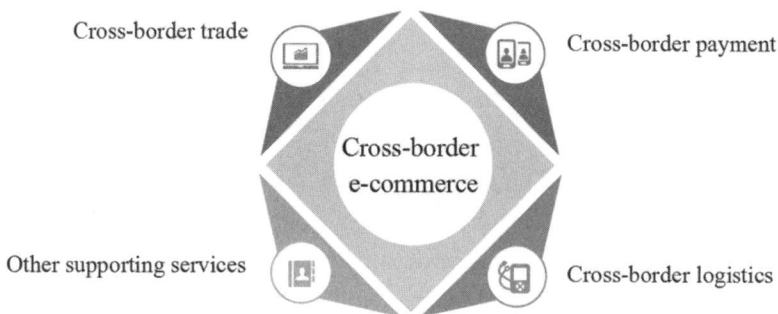

**Figure 2-4 The Cooperation of Cross-border E-commerce
between Zhejiang and the Czech Republic**

① Taking the cross-border B2C business as a breakthrough, gradually develop both B2C and B2B.

With the help of the cross-border e-commerce platforms like Tmall Global, Kaola.com, JD Worldwide, etc., it's time to make a breakthrough in the cross-border B2C business between Zhejiang and the Czech Republic, especially in the field of cross-border B2C importing business, so as to strengthen the market understanding, enlarge the trade scale, increase the trade scale of consumer goods, and balance the trade structure. On the basis of it, we should further boost the B2B cooperation in cross-border e-commerce, enhance the cooperation in industrial chain, push the industry convergence of both parties, and make full use of the cross-border e-commerce to promote the trade and investment between both sides (as shown in Figure 2-5).

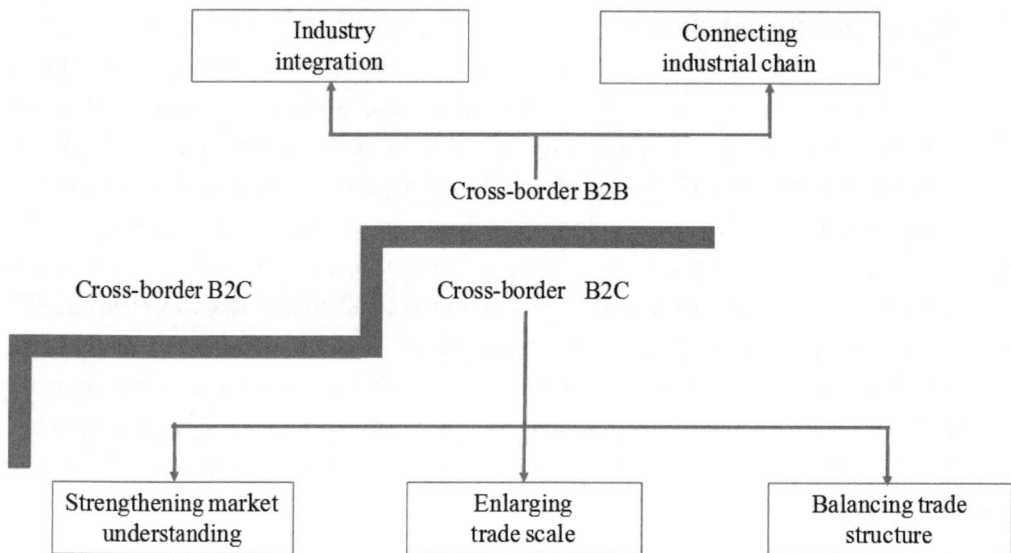

```
┌─────────────────┐        ┌─────────────────┐
│    Industry     │        │   Connecting    │
│   integration   │        │ industrial chain│
└─────────────────┘        └─────────────────┘

              Cross-border B2B

Cross-border B2C        Cross-border   B2C

┌─────────────────┐  ┌─────────────────┐  ┌─────────────────┐
│Strengthening    │  │   Enlarging     │  │ Balancing trade │
│market           │  │  trade scale    │  │   structure     │
│understanding    │  │                 │  │                 │
└─────────────────┘  └─────────────────┘  └─────────────────┘
```

Figure 2-5   Cross-border E-Commerce Expanding Paths

② Cross-border payment not only serves the cross-border trade, but also attaches more extended functions.

Nowadays, the cross-border trade related to new cross-border payment is mainly in the field of B2C. The consumers generally finish the payment through a third-party payment platform, therefore mobile payment has made considerable progress. Mobile payment is born with the characteristics of the "Internet Plus" and can be combined with various scenarios, which may create huge room for further development. At the present stage, there are practical difficulties in the cooperation of this field, such as the payment habit of the European consumers, China-Europe financial system, financial security concern, etc. However, if we can make Czech as a breakthrough to realize the broad cooperation in the field of mobile payment between Zhejiang and Czech, the cooperation in the field of cross-border payment between

China and Europe will then have a brilliant future.

③ Cross-border logistics should aim at co-establishing intelligent logistics system covering Europe and Asia, integrating the existing resources.

With YXE China-Europe freight trains connecting China's highly developed logistics system and Trade and Commerce Logistics Park of the Czech station under the Belt and Road Initiative, we should focus on converging and integrating the logistics resource of two sides. Resources of one side include overseas warehouses and logistics established by various kinds of Chinese enterprises in Czech and its surrounding countries and regions; resources of the other side include Czech local logistics resources that should be actively explored and be connected to the logistics network of the EU and European market. It is suggested to make use of the open platform of the Czech station, encourage multi-party participation, converge and integrate resources, co-build and co-share the intelligent logistics system covering Europe and Asia.

④ The cooperation of cross-border e-commerce supporting service system may make a try hopefully in the aspects of enterprise financing, intellectual property protection, after-sale service, etc.

The cross-border e-commerce ecosphere includes various kinds of enterprises bodies, such as cross-border e-commerce platform enterprises, operation enterprises, and the supporting enterprises related to payment, technology, service, and logistics. It is significant to boost the cooperation in cross-border e-commerce by encouraging the mobile payment enterprises, technical solution providers, foreign trade comprehensive service enterprises, etc. of Zhejiang and Czech to provide equal services for each other.

(4) The Industry of Internet of Things

Internet of Things is considered to be the third information technology revolution after computers and the Internet. According to the prediction of Forrester Research Institute in the US, Internet of Things, with an industrial value 30 times higher than that of the Internet, will become the next information industry of trillion dollars. Currently, research and development, and application of Internet of Things are mainly implemented in a few countries and regions like the US, Europe, Japan, R. O. Korea and China, etc.

Internet of Things, whose industrial chain includes sensing layer, network layer and application layer, is mainly applied in nine areas of smart industry, smart agriculture, smart logistics, smart transportation, smart grids, smart environment protection, smart security, smart healthcare and smart home. Zhejiang Province enjoys advantages in both the sensing layer and application layer of smart security, smart grids, smart logistics and smart home. In terms of smart security, Zhejiang boasts two enterprises which have the first and second largest shares in the IHS global video surveillance market—Hangzhou Hikvision Digital Technology Co., Ltd. and Dahua Technology Co., Ltd. In terms of smart grids, Hangzhou Sunrise Technology Co., Ltd. in Zhejiang ranks first of this industry in China. In addition, Zhejiang also boasts excellent suppliers of the Internet of Things system, smart products solutions like Lierda Science & Technology Group Co., Ltd., and outstanding suppliers of smart city, smart park

38

Development Report on Zhejiang-Czech Economic and Trade
Cooperation under the Framework of the Belt and Road Initiative (2018)

solutions and operating services like Zhejiang Zhengyuan Zhihui Technology Co., Ltd. Zhejiang's Internet of Things takes the leading position in China and has broad space for cooperation with Czech.

Zhejiang is able to cooperate with Czech in Internet of Things with smart city as a carrier. The cooperation can be carried out through the following three stages.

In the primary stage, Chinese enterprises offer the production and manufacturing of OEM and ODM of the hardware equipment of Internet of Things, such as smart devices of smart electricity meters, smart water meters, smart gas meters, and video surveillance devices and sensors, etc.

In the intermediate stage, through integrating external resources, Chinese enterprises become the integrator of different modules of the Internet of Things, playing the roles of terminal integrated device supplier, communication equipment integrator, communication service provider, and systematic service provider.

In the advanced stage, Chinese enterprises become the system designer, technology solution provider, service provider and terminal equipment supplier of Internet of Things programs, playing the role of system integrator. Meanwhile, they take part in the formulation and implementation of the standards of the Internet of Things.

(5) Mobile Payment and Internet Finance

With regard to mobile payment and Internet Finance, Zhejiang is the top 1 in China, and China is one of the pioneers in the world. Alipay of Ant Financial and Tenpay of Tencent are two of the most outstanding performers in this field. Established in 2014, Ant Financial's value of assessment has reached about USD 70 billion, making it the most valuable unlisted technology company in the world. It was also on the list of Top 50 Smart Companies 2017 elected by *MIT Technology Review*, together with Tencent. Nowadays, Alipay has been accepted by more than 120,000 off-line stores in countries and regions in Europe, America and Southeast Asia, supporting settlement of 19 kinds of foreign currencies. WeChat pay of Tencent has been accepted by a dozen of countries and regions, covering over 130,000 foreign stores and supporting settlement of over 10 kinds of foreign currencies. With the increasing footprints of Chinese tourists all over the world, the "go-global" pace of Chinese mobile payment enterprises is accelerating, which not only offers convenience to Chinese travelers in overseas consumption but also makes the inclusive finance reach out to people in many countries.

Currently, the cooperation between Zhejiang and Czech in mobile payment and Internet Finance is still in its primary stage, with great potential market prospect to be explored in the future. Now, Zhejiang's mobile payment enterprises are expecting to leverage the growing number of Chinese tourists who travel to the Czech Republic, focusing on serving Chinese outbound tourism and popularizing mobile payment services among Czech stores, with the hope that such service will be accepted by the Czech market through the acceptance of the cooperation stores. Today, Alipay has made mobile payment service reach about 40 stores in Prague's old town, providing services in shops, restaurants, hotels, museums and sightseeing tour buses, etc. In July, 2017, Ant Financial went to the Czech Republic on a tour of investigation again, hoping to further the outbound tourism service there and offer better services to Chinese tourists by local stores. It also hopes to provide Czech stores with more comprehensive services through Alipay, gaining a better knowledge of the needs of Chinese tourists so as to attract more of them. In the future, closer and deeper cooperation is expected in mobile payment and Internet Finance between Zhejiang and the Czech Republic. When the market grows mature enough, strategic investment can be carried out. Through technology and business model packages going global, Zhejiang enterprises can support local mobile payment enterprises in the Czech Republic by becoming shareholders, and popularize mobile payment service and derivative services in the Czech Republic.

4. Cultural Exchanges

(1) Education Cooperation

To promote international cooperation in education is not only an important part of the Belt and Road Initiative but also an important way to realize the internationalization of higher education. Zhejiang boasts outstanding education resources, including comprehensive universities such as Zhejiang University, Zhejiang University of Technology, Zhejiang Normal University, Zhejiang Gongshang University, some universities with distinctive features such as Zhejiang Chinese Medicine University and Wenzhou Medical University, some vocational colleges such as Zhejiang Financial College, Ningbo Polytechnic and Jinhua Polytechnic. They have obvious advantages in disciplines such as information communication, electronic and electrical industries, aviation aerospace, machinery manufacturing, architecture, traditional Chinese medicine and international trade, cross-border e-commerce, Internet banking, international business and other fields. The Czech Republic also has top university resources, with humanities and social sciences taking the lead. Therefore Zhejiang and the Czech Republic have great potential for cooperation in education.

At present, the Czech government attaches great importance to vocational education because of its industrial structure. Now the Czech Republic suffers a lot from the shortage of skilled workers. It is estimated that there will be a shortage of 400,000 skilled workers by 2030. Thus, the education of Zhejiang is highly complementary to that of the Czech Republic with huge potential for cooperation. In the future, Zhejiang can strengthen educational collaboration with the Czech Republic in the areas of language teaching, vocational education, humanities and arts, campus culture with vocational education as a breakthrough. New models of Chinese-foreign cooperation can be further explored, particularly in the field of cooperative research and education. On the one hand, more higher educational institutions and qualified enterprises in Zhejiang are encouraged to run schools in the Czech Republic. On the other hand, educational cooperation also helps the Czech Republic to cultivate inter-disciplinary talents

40

Development Report on Zhejiang-Czech Economic and Trade
Cooperation under the Framework of the Belt and Road Initiative (2018)

with international perspectives as well as Chinese experience so that we can learn from each other and achieve a win-win situation. Cooperation in vocational education will facilitate industry convergence between Zhejiang and the Czech Republic to the upstream industry and the two sides can jointly cultivate talents.

(2) Tourism

Tourism, as one of the important elements of cultural exchange under the Belt and Road Initiative, is conducive not only to mutual friendship and political trust but also to a favorable environment for economic and trade exchanges. Tourism is expected to become a new growth point of the relationship between both sides. The Czech Republic, located in Central Europe, boasts spectacular cultural and natural conditions and is one of the major countries in tourism cooperation between China-CEEC (Central and Eastern European Countries). The capital city, Prague, is the only city in the world included as a whole in UNESCO World Cultural Heritage List. Meanwhile, China is the world's largest outbound tourist source country and Chinese travelers have become the world's biggest spenders. As a major tourism province, Zhejiang boasts several UNESCO World Heritage Sites, including the West Lake and the Grand Canal. In 2016, Hangzhou, the provincial capital city, ranked No. 5 among Chinese cities in terms of outbound tourists (number of outbound tourists as the evaluation criteria), only after Shanghai, Beijing, Shenzhen and Guangzhou. Therefore, two sides have enormous potential for further tourism cooperation. In the future, Zhejiang and the Czech Republic may further ease visa restrictions and promote tourism with each other. Moreover, both sides need to increase direct flights, enhance the synergy of tourism promotion, carry out in-depth discussions and practical cooperation on coordinating local tourism collaboration, and jointly establish a platform for tourism exchange so as to facilitate greater cultural exchanges and people-to-people bonds.

(3) Sectors of Culture, Sports and Entertainment

The exchange between Zhejiang and the Czech Republic lies in the close ties of the two peoples. It is an important foundation for Zhejiang and the Czech Republic to establish connections and share a win-win cooperation through the humanity collaboration in the areas like culture, sports and the entertainment. The Czech Republic is well known for its accomplishments in the areas of literature, music, culture, sports, etc. The country produced some great writers like Kafka, Milan Kundera as well as renowned musicians like Dvorak and Smetana. The Czech sports industry is highly developed, especially its world-level ice hockey team. Ice hockey is deemed a national sport in the Czech Republic, and players here are renowned for their exquisite skills, adjustability and toughness on the ice. Zhejiang is also a great province of great culture, humanities and arts. In ancient China, there were some great masters in literature, such as Huang Zongxi, Lu You, Song Lian and Luo Binwang. In contemporary China, there are some world-famous masters like Lu Xun, Zhu Ziqing, Mao Dun, Ba Jin, Xu Zhimo and Wang Guowei. All of them are erudite and profound with voluminous works.

Under the framework of the Belt and Road Initiative and regional cooperation of "16+1" mechanism, Zhejiang and the Czech Republic may further their cooperation in the film and entertainment industry on the basis of the rich humanity resources from both sides. On the one hand, the spirit of Zhejiang businessmen and Chinese culture will spread to European countries. On the other hand, the Czech's culture and literature will be known by more people in Zhejiang, even in China. In the field of sports, we may take advantage of the strong sports categories like ice hockey and football in the Czech Republic, and badminton and table tennis in Zhejiang. Communication and cooperation will start from youth training, sports management and talent exchange.

Zhejiang and Czech cooperation should give full play to the role of major market players like enterprises with the active support and guide of governments from both sides. Through some pioneering projects such as the Czech station under the Belt and Road Initiative, both sides should improve the facilities connectivity, develop the comprehensive logistics services, ensure the smooth flow of trade between both sides and advance industrial connection and financial integration. Relying on the cooperation advantages of advanced manufacturing industries, characteristic industry, new economy and new financial industries, the pivotal status of Zhejiang and the Czech Republic is guaranteed in the "Eurasian Continental Land Bridge" under the framework of the Belt and Road Initiative. Meanwhile, an open platform based on win-win cooperation will be jointly built and shared through consultation to meet the spirit of Belt and Road Initiative.

Part 3

Cases Studies:

Analysis of Three Typical Examples

Introduction

◆ Trade Promoting Investment: A Case Study of Hangzhou Sunrise Technology Co., Ltd.

As a leading enterprise specialized in R&D and manufacture of smart energy meters, Hangzhou Sunrise Technology Co., Ltd. invested USD 420,000 to acquire Czech Logarex Smart Metering, one of its former business partners, and supported its expansion into the European market by its priority in technology and manufacture. With the influence of Eon (a client of Logarex), the largest energy company in Germany, Sunrise participated in the renovation of the German Smart Grid. Therefore, Sunrise tactfully entered the European market with comparatively little input through clever leverage, illustrating vividly the pattern of overseas development by means of trade promoting investment.

◆ "Going Global" Promoting "Bringing In": A Case Study of Wanfeng Auto Holding Group

Focused on the general aviation industry, Wanfeng Auto Holding Group regards the Czech Republic as a bridgehead of the Europe, carrying out a series of merger and acquisitions. Moreover, Wanfeng introduced advanced technologies in the design and manufacture of airplanes and its key components from the Czech Republic to Wanfeng Aviation Town, Xinchang, Zhejiang Province. At the corporate level, their development mode of "Going Global" Promoting "Bringing In" is essentially the global distribution of value chain of the general aviation industry, and deliberate work to gather high-quality resources worldwide. At the industrial level, its overseas development is an illustrative practice of promoting intensive combination of Zhejiang-Czech industries driven by the capital.

◆ Mobile Payment—A New "Calling Card" of China: A Case Study of Ant Financial Services Group

In China, mobile payment is one of the few industries with the competence in integratedly exporting technologies and business modes. Ant Financial acts as the best performer among all the mobile payment enterprises. In the globalization mode of making strategic investments overseas, it vigorously popularized cross-border off-line payment in the European market (including Czech), and exported its technologies and business modes to countries including India, R. O. Korea, Thailand, the Philippines and Indonesia, bringing the open and shared credit system and finance service platform to countries along the "Belt and Road". Mobile payment is globally a new "calling card" of China, and Zhejiang is playing an increasingly important role in this field.

Case Ⅰ. Trade Promoting Investment: A Case Study of Hangzhou Sunrise Technology Co., Ltd.

Leading Smart Energy Meter Technology from Zhejiang Going Global

1. Company Profile

Established in 2006, Hangzhou Sunrise Technology Co., Ltd. (Sunrise for short), whose predecessor was Hangzhou Zhenghua Electronic Technology Co., Ltd. (founded in 2001), is a high-tech enterprise specializing in designing, developing, manufacturing and sales of electrical energy meters and energy consumption information collection systems. Sunrise's products mainly include smart energy meters, electronic energy meters, energy consumption information collection systems, as well as smart energy meters according to IEC/ANSI standards, electronic energy meter products and software, accessories, etc. Its products and services are widely used in power supply, water supply, gas, heat and other energy supply industries. Sunrise is one of the highest growing and influential companies in the domestic energy metering industry. It was selected by *Forbes* as one of Chinese Companies with the Greatest Potential from 2011 to 2014 consecutively. It was listed on GEM on the Shenzhen Stock Exchange in 2014. After accessing the capital market, *Forbes* ranked Sunrise at the 35th among the Listed Companies with the Greatest Potential in 2015.

2. History: From ODM to System Integration Service Provider

Since its establishment in 2001, Sunrise has committed itself to the technology innovation of product design and has successfully transformed itself from ODM to self-owned brand development, to standardized technology service provider, to personalized technology service provider, to what is now a system integration provider (as shown in Figure 3-1).

46

Development Report on Zhejiang-Czech Economic and Trade
Cooperation under the Framework of the Belt and Road Initiative (2018)

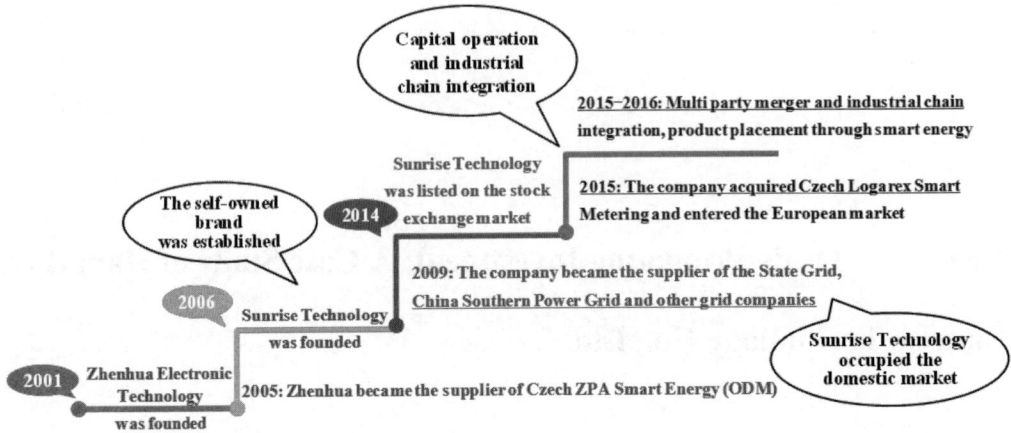

Figure 3-1   History of Sunrise

(Please visit http://www.sunrisemeter.com for more information.)

Grasping opportunities in the market, Sunrise has focused on the smart energy field as the priority for future development since 2015. Sunrise integrated the industrial chain by a number of M&A including: establishing Sunrise Energy Co., Ltd. to emerge in the electricity-sale market, acquiring Narun Electric Co., Ltd., taking equity stakes of Hangzhou Gisway Technology Co., Ltd., forging the closed loop solution from electricity consumption information collection to comprehensive energy management, acquiring Sunrise Meter Co., Ltd. to accelerate the Four-in-One Meter project (a project which combines the measurement of all the energy sources) and expand the business of public energy measuring. Meanwhile, it established the "Sunrise Joint Innovation Industry Fund" to invest in the fields of smart energy so as to realize the connection of various energy systems and equipment in regards to water, electricity, gas, and heat, as well as real-time collection, transmission, storage and analysis of energy data.

3. Current Business with Czech

In the process of Sunrise expanding into the European market, the Czech market serves as the bridgehead.

In 2005, Zhenghua Electronic Technology, the predecessor of Sunrise, entered the Czech market by means of ODM and became the supplier of ZPA Smart Energy, which was the largest electric company in the Czech Republic.

In 2006, Sunrise was set up and the company started to develop self-centred brands and maintained a stable trade partnership with ZPA.

In 2009, the products of Sunrise were widely applied to the State Grid, China Southern Power Grid and other grid companies, capturing the domestic market rapidly.

In 2011, Czech Logarex Smart Metering s.r.o. (hereafter referred to as Logarex) was founded, mainly focusing on research, production, sales of energy measuring, statistical analysis, and transmission tools (electricity meters in particular).

In 2014, Sunrise was listed on the stock exchange market and began capital operation to expand into international markets.

On September 18, 2015, with approval from the Ministry of Commerce, Sunrise invested USD 420,000 to acquire 100% shares of Logarex, which was the subsidiary of Czech Koh-i-noor. After the acquisition, Logarex became a wholly-owned subsidiary of Sunrise.

Sunrise expanded into the European market by way of "trade leads, investment follows". Through exports, the company assessed the market demand of the Czech Republic and accumulated market resources, then purchased Logarex through a capital acquisition at proper time. After the purchase, Sunrise supported Logarex's expansion into the European market with its technological advantages and manufacturing capacity. The business scale of Logarex increased remarkably in less than two years. It developed many valued customers such as Eon, the largest energy company in Germany. With the influence of Eon, Logarex participated in the renovation of the German Smart Grid.

With Logarex as a propeller, the products of Sunrise entered the European market tactfully and the scale of trade increasingly expanded. The company has become the main force in the Zhejiang-Czech export. In 2017, the export to the Czech Republic reached USD 11.6909 million, ranking the 2nd in Zhejiang Province. The acquisition of Logarex has become a classic case of trade promoting investment in the Zhejiang-Czech economic and trade cooperation (as shown in Figure 3-2).

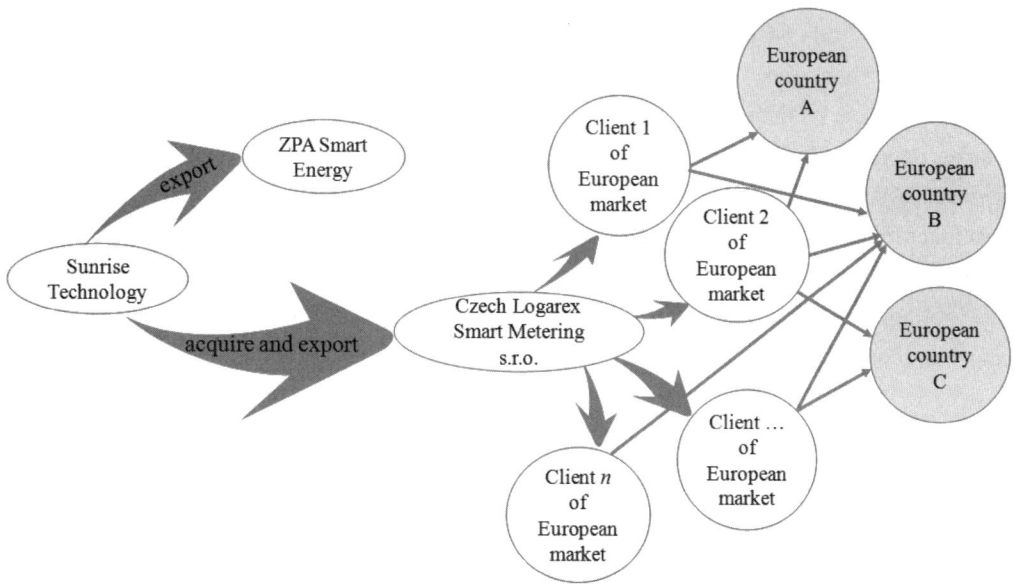

Figure 3-2   Sunrise Road Map: Entering the European (Czech) Market

4. Analysis of Overseas Development

As for the overseas development strategy, Sunrise has developed its advantages in technological innovation and complete solutions based on its long-term service to the overseas customers in the power industry. It has taken the Czech Republic as the bridgehead, adopted a localization strategy and an elaborate approach in order to enter the European market. Sunrise also works on its overseas development layout based on the Belt and Road Initiative, trying to become a more qualified system integration service provider.

Sunrise acquired Logarex Smart Metering s.r.o. and brought along a great market effect with comparatively little input through clever leverage. With Logarex as its strategic fulcrum, Sunrise has integrated its original technological superiority, manufacturing advantages, and Logarex's marketing advantages and localization in order to enhance the competitiveness of Logarex in the European market and expand its customer network in Europe. This is how Sunrise realized its development strategy in the European market without drawing too much public attention, and it will take advantage of the opportunities from smart grid construction and the industrial development of energy-saving and new energy sources in the future. The company will also actively arrange the overall market development strategy of international Smart Measuring and Advanced Metering Infrastructure (AMI), and continuously strengthen its competitiveness in system integration in the field of smart measuring. With all these efforts, Sunrise aims to be upgraded from a supplier of smart measuring terminals to a system integration provider in the European market.

Compared with the European market, Sunrise is hopefully able to participate in the market development in Southeast Asia and Africa directly as a system integration supplier. In contrast with the great grid construction demand in the countries of these areas, local power enterprises are relatively backward in technology, limited in supply capacity and high in dependence on imports because of their relatively weak grid infrastructure construction. This provides great market opportunities for China's power equipment enterprises to develop their overseas market services. With the help of the Belt and Road Initiative and advantages in equipment manufacturing and integrated technological solution, Sunrise international has started an overall "Going Global" capacity cooperation model covering investment, technology, assembling, designing and constructing in Bangladesh, the Philippines, Ecuador, Kyrgyzstan and other countries with market bases in order to further expand its overseas market.

Case Ⅱ. "Going Global" Promoting "Bringing In": A Case Study of Wanfeng Auto Holding Group

Lay Out the Industry Chain in Zhejiang and the Czech Republic

to Promote Deep Industrial Integration

1. Company Profile

Wanfeng Auto Holding Group (Wanfeng Group for short) is a large enterprise with international business centering on advanced manufacturing. Its business areas include auto parts, general aviation, intelligent equipment, financial investment, etc. Wanfeng Group evolved from the former Zhejiang Wanfeng Aluminium Wheel Co., Ltd., a specialized manufacturer of automotive aluminum wheels that was founded in 1994. During the past two decades of development, Wanfeng Group has committed itself to a precise industrial positioning, a solid basis for industrial operations and development through innovation. It has established the Xinchang Smart Factory and the Shengzhou High-end Equipment Park to set classic models on advanced manufacturing at the international level. Wanfeng Group also has maintained leading positions globally in the aluminum wheel and magnesium alloy industry. Meanwhile, it takes the lead in China in the fields of environmental-friendly surface treatment and intelligent robot projects. Through the strategic cooperation with international high-end aircraft manufacturers, the general aviation industry of Wanfeng is booming, capable of manufacturing airplanes with full proprietary intellectual property rights. During the 13th Five-Year Plan, Wanfeng Group plans to invest RMB 10 billion yuan each into three major industries respectively: the auto parts industry (a mature industry), the industrial robot industry (a growing industry), and the aviation industry (an emerging industry). It aims to obtain its

50

Development Report on Zhejiang-Czech Economic and Trade
Cooperation under the Framework of the Belt and Road Initiative (2018)

strategic objective of achieving RMB 100 billion yuan market value each in the two listed companies respectively by the end of the 13th Five-Year Plan.

2. Business Pattern

For over 20 years, since the company's establishment, Wanfeng Group has focused on the auto parts industry, making achievements in market segments like aluminum wheels, magnesium manufacturing, the environmental-friendly surface treatment and the new hybrid energy industry. In 2013, Wanfeng Group started to turn its developmental strategy from traditional auto industry to a broader transportation field. In November that year, Wanfeng Group spent RMB 1.53 billion yuan in purchasing the Canadian company, Meridian Lightweight Technologies Holdings Inc., which was recognized as the world's leading supplier of magnesium alloy products. Meridian, with cutting-edge core technology and production base in the US, Canada, the UK, Mexico, China and other countries, and the Canadian R&D center for magnesium alloy enjoyed over 65% of the market share in North America for supplying magnesium alloy products. In 2015, Wanfeng Group marched aggressively into the general aviation industry and started Wanfeng General Aviation Co., Ltd., Wanfeng Aviation Industrial Co., Ltd. and took holding of Canadian Diamond Flying Center (DFC), setting foot in flight pilot training services. In 2016, the company founded Wanfeng General Airport Management Co., Ltd., and acquired Diamond Aircraft Industries Inc., one of the world's top 3 general aviation manufacturers. They also purchased the Czech Direct Fly (DF) company while investing RMB 1.2 billion yuan to build three platforms (design and research, manufacturing, and supporting services) together with a number of light aircraft companies in the Czech Republic. During the 13th Five-Year Plan, Wanfeng Group is developing to fully enter the general aviation industry, building a whole aviation industry chain while integrating aircraft manufacturing, airport construction and management, general aviation operation, aviation training, and flight services. It aims at developing business patterns for an aircraft industry with the features of international R&D, Wanfeng manufacturing and global marketing (as shown in Figure 3-3).

Figure 3-3　The Operations of Wanfeng Group

3. Current Business with the Czech Republic

During the process of building a whole aviation industry chain, Wanfeng Group involves itself into the "Belt and Road" construction actively, tapping into the Czech Republic, a major manufacturer in light aircraft. Upholding the development strategy of the Group, Wanfeng sees the Czech Republic as a bridgehead for the investment and development of the aviation industry in Europe. Since 2016, Wanfeng Group has made a series of movements towards the Czech aviation industry in trade, investment, merger and acquisitions.

On March 28th of 2016, with approval from the Ministry of Commerce, Wanfeng Aviation Industrial Co., Ltd. (Wanfeng Aviation for short) acquired one of the most well-known light aircraft manufacturers, Czech Direct Fly (DF) company, and established the Skyleader company with an aggregate investment of USD 9.8 million. After the acquisition, Wanfeng Aviation gained further strength in design, R&D, and manufacturing of aircraft.

On June 19th of 2016, in a Zhejiang-Czech economic and trade cooperation meeting as well as the signing ceremony of cooperative projects, Wanfeng signed a memorandum on an aviation project with the Czech partner, jointly promoting the company's investment and construction in the Czech Republic.

On June 22nd of 2016, with approval from the Ministry of Commerce, Wanfeng Aviation invested USD 2.26 million to set up Wanfeng AL Co., Ltd., which mainly focused on the manufacturing of transportation equipments.

In July of 2016, Wanfeng Group established Wanfeng (Czech) Aircraft Industrial Co., Ltd. in Prague, locating its office in the Dancing House, the world famous architecture located in the Czech capital. The new company was set up for the design, research, development, engineering and manufacturing of airplanes and their key components. Consequently, Wanfeng started to work on the investment of the aviation industry in the Czech Republic through this platform.

In October of 2016, Wang Zhiqing, Deputy Director General of Civil Aviation Administration of China (CAAC), issued a validation type certificate and production license to Wanfeng, making it the very first enterprise to manufacture Czech light aircraft (approved by the Chinese government after signing the China-Czech bilateral agreement).

On October 3rd of 2016, Wanfeng Group signed a strategic cooperation contract with Brno University of Technology, expecting to carry out all-round cooperation in airplane design, research and development with the university. Focusing on the design of airplanes, key components and for R&D and manufacturing, it aims to create a leading global research and development platform for light sports aircraft.

On November 14th of 2016, Wanfeng signed acquisition agreements for intellectual property rights with two Czech companies, gained ownership of IPs for the other two aircraft types and introduced the production to China. The aircraft manufacturing site is located in Wanfeng Aviation Town, Xinchang, Zhejiang Province. Thus, for the first time, Wanfeng owns

52

Development Report on Zhejiang-Czech Economic and Trade
Cooperation under the Framework of the Belt and Road Initiative (2018)

an aircraft that has full proprietary intellectual property rights. On the basis of it, Wanfeng plans to purchase more in the Czech Republic: a famous enterprise in light sports aircraft manufacturing and various intellectual property rights of light sports aircraft types.

Centering on the aviation industry in the Czech Republic, Wanfeng Group deployed a systematic and integrated investment cooperation project, which mainly contains four aspects: aircraft manufacturing, aircraft design, R&D, cooperation of air control system and manufacturing of its key components. From these we can see that the Czech Republic is a key region for Wanfeng Group to build a whole aviation industry chain globally, and carry out a deliberate plan that gains high-quality resources worldwide. Wanfeng Group offers a research sample and construction ideas in industry convergence and mutual development for Zhejiang and the Czech Republic. The global development of Wanfeng Group in the aviation industry presents a vivid case for Zhejiang enterprises under the guidelines of "Going Global" Promoting "Bringing In".

4. "Going Out" Promoting "Bringing In": Wanfeng Aviation Town in Xinchang

Wanfeng Aviation Town sits in the core area of Xinchang industrial park of Zhejiang Province, with a total planning area of 5 square kilometers and a construction area of 3.68 square kilometers. It plans to implement 12 projects with a total investment of RMB 10 billion yuan, covering aircraft manufacturing, construction of airport and supporting facilities, intelligent manufacturing of aircraft components, construction of Wanfeng Aviation Academy, construction of Wanfeng Transportation Airport and supporting facilities, etc.

Wanfeng Group is centering on the general aviation industry by conducting a number of merger and acquisitions in the design, R&D, manufacturing of aircraft and its key components, and in supporting services in Canada and the Czech Republic. The company also purchased Canadian Diamond Aircraft Industries Inc., took holding of Canadian Diamond Flying Center (DFC) in addition to a series of investment projects in the Czech Republic. After the acquisitions of Canadian and Czech projects, the company formed an operation structure in the aviation industry that centered on China, the Czech Republic and Canada. Moreover, the overseas acquisitions contained advanced technology contents, which were introduced into Wanfeng Aviation Town in Xinchang, Zhejiang. It is said that more companies will be introduced into the Aviation Town: Czech Skyleader company, Italian AgustaWestland S.p.A and Diamond Aircraft Industries Inc. The Aviation Town will also, by means of extending qualification of DFC aviation school in Canada, build an international flying center with excellent training qualification. The company will build aviation service stations to provide services to Wanfeng airport, general aviation companies and aviation training schools at an early stage, and then extend services to cover the Yangzi Delta region in the future (as shown in Figure 3-4).

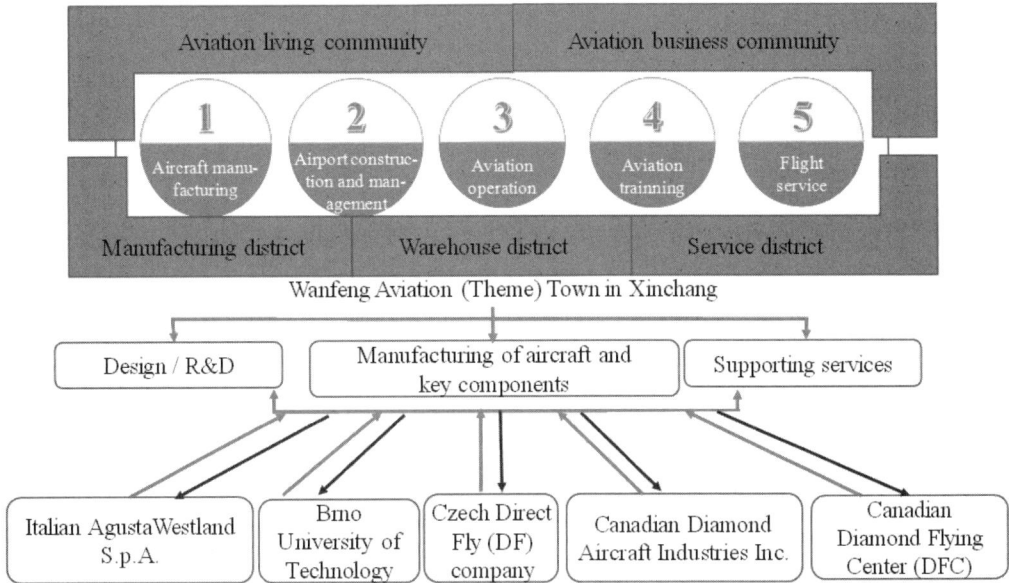

Figure 3-4   Wanfeng Group: "Going Global" and the Construction of the Aviation Town

Based on the strong R&D and manufacturing capabilities that Wanfeng has formed from the overseas acquisitions, Wanfeng Aviation Town establishes a plan of "one center, two wings and three districts". That is to say, under the philosophy of "driven by related industries, technology, international interaction, capital and industry leader", the Aviation Town follows the guidelines of "Industry 4.0" and the "Internet Plus" industry, centering on the development of the general aviation industry. It aims to make breakthroughs in aircraft manufacturing by accelerating and extending the connections between upstream and downstream in components manufacturing and operation services. Furthermore, the Aviation Town focuses on aircraft manufacturing, setting up two wings of aviation communities for living and business, connecting a peripheral manufacturing district, and a warehouse district and service district as an industrial eco-chain to provide 10,000 jobs within the Town. Ultimately, Wanfeng Group aims to build the Aviation Town into various "highlands" for industry incubation, aircraft research and manufacturing, talent aggregation, industrial tourism and aviation culture, leading the development of the aviation industry as well as the transformation and upgrading of high-end equipment manufacturing in Zhejiang Province.

Case Ⅲ. Mobile Payment—A New "Calling Card" of China: A Case Study of Ant Financial Services Group

Alipay: Making Strategic Investments Overseas

1. Company Profile

Ant Financial Services Group (Ant Financial for short) originated from Alipay (founded in 2004). In March 2013, with the foundation of Alibaba Small and the Micro Financial Services Group, Alipay evolved from a payment company to an integrated service group of Internet Finance. After over one year's preparation, Ant Financial was officially established on October 16th, 2014. The ant, which the company is named after, is a symbol of a small but tenacious force in the natural world.They can generate infinite energy when they work together. Ant Financial intends to apply the metaphor to signify their philosophy of serving small and micro enterprises. As a fintech company, Ant Financial is dedicated to creating an open, shared credit system and a financial service platform through technological innovation so as to provide consumers as well as small and micro businesses with safe, convenient and inclusive financial services globally. Family of Ant Financial includes Alipay, Ant Fortune, Zhima Credit, MYbank, and Ant Financial Cloud etc. By the end of 2016, Alipay of Ant Finance, accounting for as much as 54% of China's mobile payment market, has become a globally influential mobile platform for payment, and a new "calling card" of China which makes a difference in the world.

2. Thought Patterns of "Ant Financial"

Mobile payment refers to money rendered for a product or service through a portable electronic device such as a smart phone or a tablet. Through mobile devices, the Internet, or proximity sensors, the payment instructions are sent directly or indirectly from individuals or units to financial institutions like banks or third-party payment platforms to carry out the payment and money transfer, realizing the function of mobile payment. Therefore, wide adoption of mobile payment depends on the popularization of mobile terminals like smart phones and extensive coverage of mobile network.

(1) General Framework

Under the background of the maturity of the mobile payment hardware foundation, Ant Financial relies firmly on Internet technology, combines users, stores and products (services) through payment, and establishes a credit system based on vast amounts of data by employing SaaS (Software-as-a-Service), a new mode of software applications, and DDM (Distributed Data Mining), supporting the development of inclusive finance. The operational layout of Ant Financial is shown in Figure 3-5.

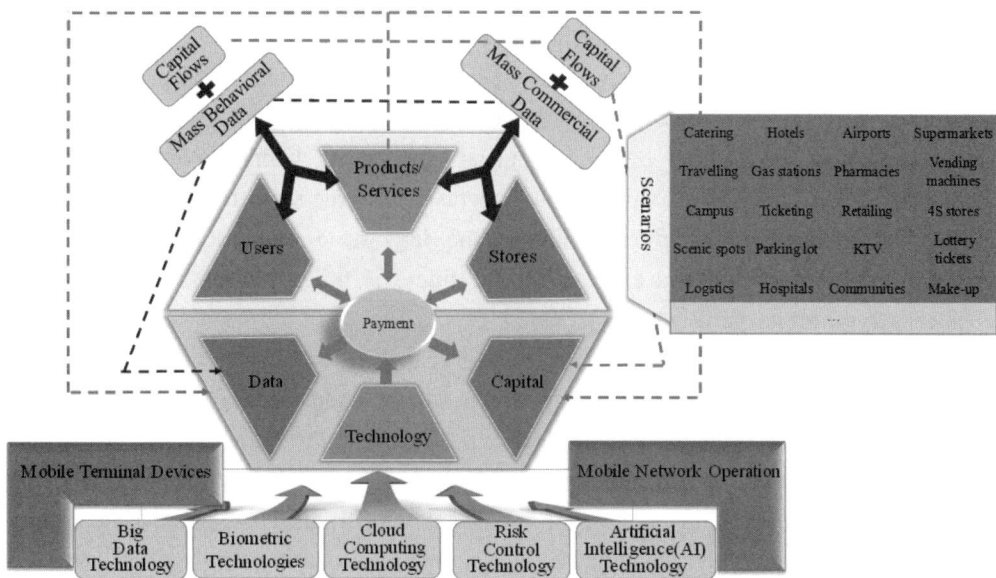

Figure 3-5　Operational Layout of Ant Financial

(2) Specifics

① Technology is the foundation in Ant Financial's thinking

Since the establishment of Alipay in 2004, the Ant Financial Services Group has continuously driven innovation in technology to improve user experience and has been dedicated to using Internet technology to bring value to users and partners. Presently, Ant Financial has constructed its technical support system with the following five technologies.

Big Data Technology　Data mining and analysis technology is at the core of big data technology. Ant Financial assesses vast amounts of data such as Alipay users' payment behavioral data, Alibaba e-commerce traders' transaction data, and Ant Financial online financial data. It processes these online transactions and behavioral data with big data technology in order to offer credit scoring services to individuals and enable online financial enterprises to better measure user's ability and willingness to repay money. Consequently, rapid credit and installment payment services are offered. Based on this technology, MYbank has developed "3-1-0" online lending, that is, a service standard characterized by a 3-minute application process, 1-second loan granting, and all with zero manual intervention.

Facial Recognition Technology Ant Financial is committed to researching and developing advanced biometric-based facial recognition technology and applying it to an online identity authentication to further enhance security and improve users' experience. According to a study, the facial recognition algorithm achieved 99.99% accuracy with eye wrinkles and other recognition algorithms. Alipay's high-concurrency is a ready and reliable security system structure that can meet the demand of more than 500,000 individual identity authentication processes every minute with the ability to resist most face forgery attacks such as photos, videos, masks, 3D software synthesis.

Cloud Computing Technology Ant Financial Cloud is a platform providing cloud computing services for financial enterprises with financial and Internet technology accumulated over many years by Ant Financial and serving hundreds of customers and eco-partners. Ant Financial Cloud, having integrated its large-scale transaction processing ability, will gradually develop capability in the large-scale real-time decision making, large-scale data integration and analysis for the future in order to provide basic financial technical service for its partners.

Risk Control Technology Alipay's Risk Control System includes three stages: pre-issue prevention, live issue monitoring, and post-issue audits. In the first stage, accounts should be classified according to their respective risk rating; in the second stage, new products will go through a review of risk and monitoring strategy; and in the last stage, Alipay's risk control system utilizes historical transactions and data for individual cross-reference to improve account security. At present, Alipay has an outstanding risk control ability and its capital loss rate is less than one in a million, which is much better than the loss rate of 17/10000 of the leading international payment institutions.

Artificial Intelligence (AI) Technology Ant Financial's AI technology, a core technical engine of its services, is widely applied in its various aspects, including intelligent customer services, transaction risk control, store marketing, loan models, financial information pushes, intelligent financial planning, intelligent image-based vehicle insurance claim handling to dialogue robots for insurance companies. At present, the satisfaction rate of Intelligent Customer Service has exceeded manual customer service, and the service is offered to more than 120 clients in all fields such as insurance, securities, government departments and so on. On June 14th, 2017, Ant Financial's Intelligent Financial Advisor started to serve financial institutions. One month later, the daily transaction volume increased by 243% and the daily number of transactions went up by 190%. On June 27th, 2017, insurance companies were provided with its image-based insurance claim handling service, by which insurance claims can be handled within several seconds with a cost cut of RMB 2 billion yuan every year.

② Scenarios are the driving force in Ant Financial's thinking

In Ant Financial's ecological system, scenarios and technology promote and stimulate each other like the two wheels of a bike. The technical path of Ant Financial is driven by scenarios and business, in which the exploration and innovation of scenarios facilitate the upgrade of technology. Ant Financial has obtained the largest financial life service scenarios in the world, covering customers' business scenarios for food, clothes, housing and transportation in restaurants, hotels, air travel, supermarkets, convenience stores, airports, duty-free shops, ticket offices, parking lots, and so on. Now Ant Financial is collecting far more scenarios from hospitals, transportation, water, electricity, gas and other livelihood areas. As a result, Ant Financial has been listed as the only financial technology company in the Top 50 Smart Companies 2017[1].

③ Open and shared credit systems and financial service platforms are the goals of Ant Financial's thinking

On September 14th, 2015, Ant Financial officially announced the launch of the "Internet Booster Plan" to improve cooperation with financial institutions and other partners in terms of channels, technologies, data, credit, and even capital to help more than 1,000 financial institutions achieve their new financial transformation and upgrade in five years. During the process of its globalization, Ant Financial is open-minded when embracing business partners. In July 2016, Alipay announced that it opened its basic technical ability such as payment, cross-border O2O, and data maintenance and management to overseas partners in order to expand global offline scenarios and co-construct a credit system and financial service platform. It is Ant Financial's goal to promote the construction of a larger open platform by technology openness and sharing.

3. Current Situations of Overseas Expansion and Czech-related Business

In February 2015, Ant Financial carried out a strategic cooperation with Paytm, the Indian local e-wallet. In April 2017, the number of Paytm users reached 220 million from less than 30 million dramatically, making Paytm the third largest e-wallet in the world.

In November 2016, Ant Financial reached a strategic cooperation agreement with Ascend Money, a Thailand payment enterprise, introducing its inclusive finance mode to Thailand.

In February 2017, Ant Financial invested in Mynt, the largest digital financial company in the Philippines with the largest local e-wallet, Gcash. It offers services of cellphone top-up, transferring of accounts, online shopping, payments, etc., with over 3 million users currently.

In February 2017, Ant Financial carried out strategic cooperation with Kakao, the largest

---

1 Issued by American authoritative journal of science and technology, *MIT Technology Review*, in July, 2017.

social platform in R. O. Korea. Ant Financial became one of the shareholders of a newly-founded mobile financial company, Kakao Pay (subsidiary to Kakao). Kakao Pay enjoys more than 14 million users in R. O. Korea. Kakao Pay will make use of Ant Financial's technology and experience to develop inclusive finance and offer service to the 34,000 stores in R. O. Korea who have already accepted Alipay.

On April 12, 2017, Ant Financial announced to establish a joint venture with Emtek Group, an Indonesian company, to develop mobile payment products.

In Europe, Ant Financial focuses on expanding cross-border off-line business, offering Chinese outbound tourists the mobile payment service connected to dinning, entertainment, shopping, transportation, etc. in the surrounding areas. Currently, Alipay has realized cooperation with BNP Paribas, Barclays Bank, UniCredit S.p.A., SIX, Wirecard, Concardis, Ingenico Group, etc., to jointly promote the popularization of M-business in Europe. Among these organizations, BNP Paribas, Barclays Bank, UniCredit S.p.A. and SIX have been accepted by 930,000 stores in Europe. In the future, Alipay users may probably be able to purchase in those stores and pay in RMB by an Alipay scan code payment service through a POS system, exactly the way they do in China. Through cooperation with Concardis, the payment service provider in Germany, Alipay is able to offer its services to over 200,000 German stores including Metro, Aldi, Douglas, LV and some major chain hotels, etc. In some European airports, Alipay has realized the function of a real-time tax refund. Finnair has introduced Alipay services to the air shopping in all airlines to and from mainland China and Hong Kong SAR of China. The world's two largest cruise lines—Norwegian Cruise Line and Carnival Cruise Lines—have also introduced Alipay services and Alipay's scan code service in maritime consumption. Now in Europe, Alipay has been accepted in restaurants, supermarkets, department stores, convenience stores, duty-free stores, theme parks, overseas airports, tax refunds, etc.

In the Czech Republic, Alipay has been accepted by about 40 stores, mainly in Prague's old town, enabling people to use the service in shops, restaurants, hotels, museums and sightseeing tour buses, etc. The popular stores with mobile payment service include Swarovski, Longchamp Boutique, Diamond Prague Museum, Grand Hotel Praha, etc. The average transaction number per day has been ascending gradually since the first day with the average transaction amount reaching about RMB 1,200 yuan.

4. Globalization Strategy

Now the globalization expansion of Ant Financial mainly includes three parts.

(1) Cross-border off-line business

Ant Financial is vigorously promoting the cross-border off-line payment, using serving outbound Chinese tourists as breakthroughs, cooperating with overseas financial institutions or acquirers, and connecting local stores and clients in order to boost the education of overseas localization markets, strengthen local recognition, and popularize the mobile payment model.

(2) Global collection and global payment

Now Ant Financial, through the Alipay brand, has opened up financial channels in over 200 countries and regions and cooperates with over 200 financial institutions such as Visa, MasterCard, JBC, Citibank, Chartered Bank, Barclays Bank and Deutsche Bank. It supports 19 currency settlements, and has over 40 million overseas users. Ant Financial is devoted to help its global users and stores to realize global collection and global payment while boosting eWTP infrastructure construction.

(3) Global practice of inclusive finance

The global practice of inclusive finance uses the new globalization model of "Overseas Shipbuilding" (making strategic investments overseas). Ant Financial, with technology exports as a basis, sticks to the principle of "One Specific Strategy for One Country" by choosing the local partners of target countries to co-establish local versions of Alipay, provides localization services for local partners, and cultivate local talents. At present, the countries to which Ant Financial export technology and business patterns by means of "Overseas Shipbuilding" include India, Thailand, the Philippines, Indonesia, and other coastal countries along the "Belt and Road". In 2017, Ant Financial will gradually declare several technological exporting plans to the countries along the "Belt and Road".

Presently in 2017, Ant Financial steps into the fifth Three Year Development Period. The company will usher in the digital inclusive strategy on the basis of payment to construct three strategies of development—the credit system, the comprehensive financial service for small-micro enterprises, and globalization. Now China's mobile payment industry is leading in the industrial scale worldwide, and the technology and applying models are also in the leading position. It has become one of the few industries in China capable of exporting overall technology and business patterns. Therefore, the globalization process of Ant Financial will certainly boost the globalization development of China's mobile payment industry. Zhejiang should play a greater role during the process.

Appendix:

Investment Environment and

Policies of the Czech Republic

This Appendix is mainly translated from *Investment Incentives Manual*, CZECHINVEST (valid from May 1st, 2015).

Ⅰ. Investment Environment

(1) Political and Economic Stability

The Czech Republic was the first CEE country to be admitted into the OECD. The country is a member of the European Union (EU) and is fully integrated into other international organizations such as the WTO, IMF and EBRD. The Czech Republic is a fully-fledged parliamentary democracy and the country's economic policy is consistent. Since 1991, the central bank (the Czech National Bank) has maintained an extraordinary degree of currency stability and the Czech koruna is fully convertible.

(2) Non-Discrimination

Under Czech law domestic and foreign entities are treated identically in all areas, from protection of property rights to investment incentives. The government does not screen any foreign investment projects with the exception of those in the defense and banking sector. The Czech Republic is committed not to discriminate against foreign investors in privatization sales.

(3) Investment Protection

The Czech Republic is a member of the Multilateral Investment Guarantee Agency (MIGA), and it has signed a number of bilateral treaties which support and protect foreign investments. The treaties provide that each party shall permit and treat investments and associated activities of the other party's residents on a non-discriminatory basis, and guarantee full protection and security by law. The Czech Republic has also concluded agreements for the avoidance of double taxation.

(4) Protection of Intellectual Property Rights

Existing legislation protects all forms of property including patents, copyrights, trademarks, and semiconductor chip layout design. Trademark law and copyright law are compatible with EU directives.

(5) Protection of Property Rights

The only case where the property of a foreign person or entity could be expropriated in the Czech Republic would be on public-interest grounds that could not be satisfied by other means, which would then have to be through an Act of Parliament and with full compensation at market value. No expropriation of the property of a foreign investor has taken place since 1989.

(6) Repatriation of Profits

No limitations exist concerning the distribution and expatriation of profits by Czech subsidiaries to their foreign parent companies, other than the obligation of joint stock and limited liability companies to generate a mandatory reserve fund and pay withholding taxes.

(7) Tax Rate

Corporate income tax rate in Czech is 19%, one of the lowest across the entire EU. 5% corporate income tax rate applies to certain taxpayers (pension funds, investments funds). Personal income tax rate is 15% since 2014, and the solidarity contribution of 7% applies to high-earning individuals.

(8) Investment Risk

The top 3 international credit rating agencies give state investment risk rating as follows (see Table 4-1).

Table 4-1 Country's Rating Grades from International Credit Rating Agencies

Country	S & P	Moody's	Fitch
Czech Republic	AA−	A1	A+
Slovak Republic	A+	A2	A+
Poland	BBB+	A2	A−
Hungary	BBB−	Baa3	BBB−
Romania	BBB−	Baa3	BBB−
Russia	BB+	Ba1	BBB−
Bulgaria	BB+	Baa2	BBB−

Source: Czech National Bank, 2017

(9) Global Competitiveness Index Rankings

The Czech Republic (31th place) is at the top of the CEE countries in the competitiveness of the world economies.

II. Investment Environment of Czech Regions

The Czech Republic is administratively divided into 13 regions and the capital city Prague. The basic investment environment, talents and office rent for major regions and cities are as shown in Table 4-2.

Table 4-2   Information of Investment Environment in Czech Regions and Major Cities

Regions and Cities	Unemploy-ment rate (%)	University education (Numbers of students)	Expatriates	Popularity of foreign languages	Office stock and rental price (EUR/m²/month)	Other information
Liberec	7.7	1,852 Business Administration and HR students; 821 ICT students	17,119	English 49%, German 42%, Russian 42%, French 5%, Spanish 3%	8.50–11.00	
Prague	5.3	39,888 Business Administration and HR students; 11,441 ICT students; 4,450 Law students	227,362	Prague: English 68%, German 41%, Russian 40%, French 9%, Spanish 6%	19.50–20.50 (City center) 15.00–17.50 (Inner city) 13.00–14.50 (Outer city)	Political, education, cultural and economic center; UNESCO World Heritage site; International airport
Central Bohemia	6.4			English 50%		
Plzen	5.6	1,407 Business Administration and HR students; 2,303 ICT students; 1,178 Law students	26,044	English 45%, German 49%, Russian 38%, French 2%, Spanish 4%	10.00–11.50	
Ceske Budejovice	5.4	5,368 Business Administration and HR students; 1,403 ICT students	15,386	English 39%, German 62%, Russian 44%, French 2%, Spanish 3%		UNESCO World Heritage site
Pardubice	5.3	4,210 Business Administration and HR students; 3,129 ICT students	25,025	English 45%, German 39%, Russian 46%, French 5%, Spanish 4%	9.00–11.50	International airport
Hradec Kralove				English 57%, German 42%, French 6%, Spanish 3%		
Ostrava	11.3	9,500 Business Administration and HR students; 4,136 ICT students	24,042	English 46%, German 34%, Russian 34%, French 2%, Spanish 3%	10.00–12.50	International airport
Olomouc	8.4	1,143 Business Administration and HR students; 547 ICT students; 1,621 Law students	10,160	English 61%, German 42%, Russian 42%, French 6%, Spanish 4%	9.00–10.50	
Brno	8.8	13,271 Business Administration and HR students; 9,370 ICT students; 3,076 Law students	38,917	English 54%, German 48%, Russian 40%, French 5%, Spanish 2%	10.00–13.50	R&D and Business Service Center; UNESCO World Heritage site; International airport
Zlin	6.4	2,932 Business Administration and HR students; 1,828 ICT students	8,140	English 55%, German 44%, Russian 42%, French 5%, Spanish 4%	7.50–10.00	

Source: Czech Investment and Business Development Agency

66

Development Report on Zhejiang-Czech Economic and Trade
Cooperation under the Framework of the Belt and Road Initiative (2018)

The income gap among different places in Czech is up to 20%. Usually, the income of employees in Prague is higher than that in other areas (now 29% higher than Czech average salary), while the income in Karlovy Vary is the lowest (15% lower than Czech average salary). The specification is shown in Table 4-3.

Table 4-3   Average Gross Monthly Wages in Regions of the Czech Republic

Region	Average Wages		Region	Average Wages
Prague	€1,320/$1,391		Central Bohemia	€1,026/$1,096
Plzen	€981/$1,048		Liberec	€948/$1013
Vysocina	€933/$997		Moravia-Silesia	€932/$995
Usti nad Labem	€931/$994		Hradec Kralove	€930/$994
South Bohemia	€919/$982		Pardubice	€914/$977
Olomouc	€913/$975		South Moravia	€901/$962
Zlin	€901/$962		Karlovy Vary	€874/$934

Source: Czech Statistical Office, 2017

III. Investment Incentives

1. Supported Areas

(1) Manufacturing Industry

Eligibility Criteria for the Manufacturing Industry: The investor must invest at least CZK 100 million (approx. USD 4 million) within three years. This limit is reduced to CZK 50 million in regions with special state aid and in special industrial zones. At least CZK 50 million (or CZK 25 million) must be invested in new machinery. The investor must create at least 20 new jobs.

Eligibility Criteria for the Strategic Investment: The investor must invest at least CZK 500 million (approx. USD 20 million) within three years. At least CZK 250 million must be invested in new machinery. The investor must create at least 500 new jobs.

(2) Technology Centers

Eligibility Criteria for Technology Centers: The investor must invest at least CZK 10 million (approx. USD 0.4 million) within three years. At least CZK 5 million must be invested in new machinery. The investor must create at least 20 new jobs.

Eligibility Criteria for the Strategic Investment: The investor must invest at least CZK 200 million (approx. USD 8 million) within three years. At least CZK 100 million must be invested in new machinery. The investor must create at least 100 new jobs.

(3) Business Support Service Centers

Business support service centers include shared service center, software-development center, high-tech repair center, data center, customer support center (call center).

Eligibility Criteria for Business Support Service Centers: At least 20 new jobs must be created at software-development center and data center. At least 70 new jobs must be created at shared service center and high-tech repair center. At least 500 new jobs must be created at customer support center (call center).

2. Investment Incentive Scheme

The current investment incentives of Czech include tax incentive, job creation grants, training and retraining grants, cash grants for capital investment, property tax incentives, each with the maximum permissible state-aid intensity. State aid is understood to be tax incentive, job creation grants, property tax exemption and cash grants for capital investment. Training and retraining grants are not counted towards the maximum state aid intensity. The maximum permissible state-aid intensity in the Czech Republic is 25% of total eligible cost for large enterprises and that for data center is 6.25%. Either fixed assets, when the value of machinery comprises at least half of the value of acquired assets, or two years' gross wages for newly created jobs can serve as eligible costs from which the maximum state-aid intensity is calculated.

The current investment incentives of the Czech Republic are as shown in Table 4-4.

Table 4-4   The Incentive Scheme of the Czech Republic

Tax incentive	Corporate income-tax relief for up to ten years for new companies
	Partial corporate income-tax relief for up to ten years for existing companies
Job-creation grants	CZK 300,000 per new job in special industrial zones; CZK 200,000 per new job in regions with an unemployment rate that is at least 50% higher than the national average; CZK 100,000 per new job in regions with an unemployment rate that is 25% to 50% higher than the national average
Training and retraining grants	Training and retraining grants are offered in the amount of up to 25% or 50% of eligible training costs depending on the region
Cash grant for capital investment	Financial support in the case of strategic investments in manufacturing or in technology centers, and the level of financial support may be up to 10% of eligible investment costs
Property tax incentive	Property tax exemption for up to five years in special industrial zones

68

Development Report on Zhejiang-Czech Economic and Trade
Cooperation under the Framework of the Belt and Road Initiative (2018)

IV. Labour Cost

In comparison to other CEE countries, the Czech Republic has very well educated, skilled and multi-lingual labour force. Over the past five years, the average wage of Czech workers has grown around 3% but it's coming from much lower base compared to Western Europe. Moreover, the weaker CZK to EUR/USD exchange rate has recently made salaries more favourable and is expected to remain relatively stable at these levels.

1. Overall Labour Cost

According to the Eurostast, the average hourly wage of Czech industrial workers was EUR 10.3 in 2016, while the hourly wage of workers in service sector was EUR 10.5, slightly higher than that of industrial workers. They were much lower than the average hourly wage of the 28 EU countries, but higher than other CEE countries (as shown in Figure 4-1).

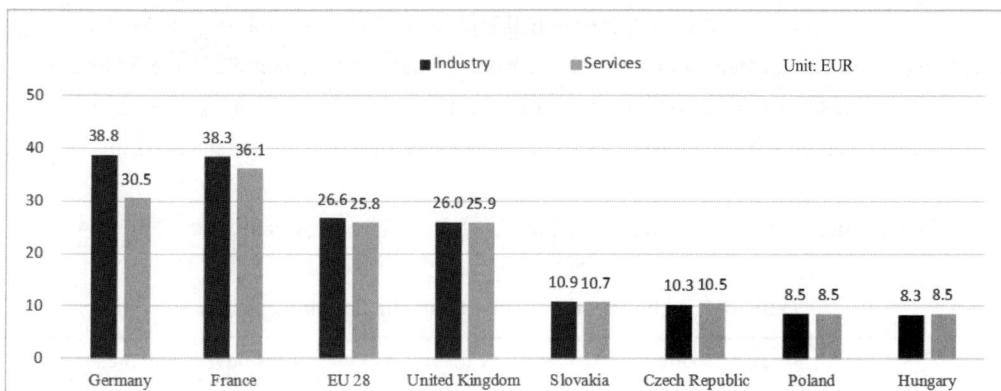

Source: Eurostast, 2017 (Last update: April, 2017)

Figure 4-1   Hourly Wages in Some European Countries in 2016

2. Labour Cost in Different Sectors

The labour cost in the Czech Republic differs greatly in different sectors. The average monthly income of employees in the financial and insurance sectors is the highest, EUR 1866. That of employees in the information and telecommunication industry ranks the second with an average monthly income of EUR 1863. Workers involved in accommodation and food service activities receive the lowest average monthly income of EUR 582 (as shown in Figure 4-2).

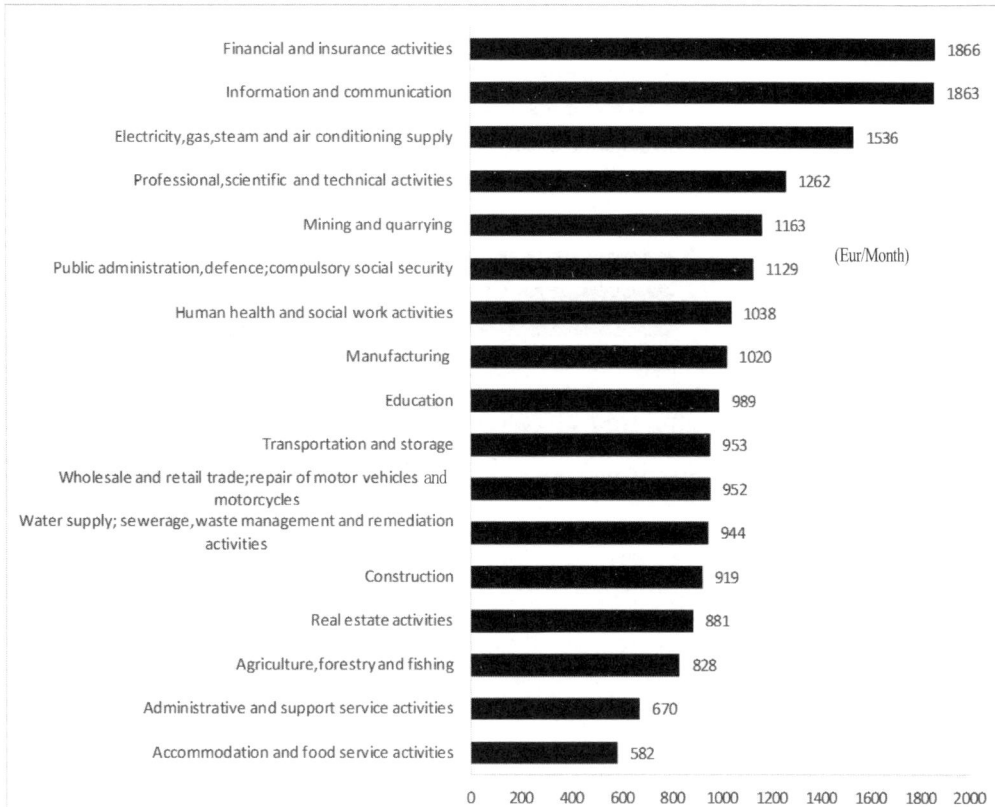

Sector	Eur/Month
Financial and insurance activities	1866
Information and communication	1863
Electricity,gas,steam and air conditioning supply	1536
Professional,scientific and technical activities	1262
Mining and quarrying	1163
Public administration,defence;compulsory social security	1129
Human health and social work activities	1038
Manufacturing	1020
Education	989
Transportation and storage	953
Wholesale and retail trade;repair of motor vehicles and motorcycles	952
Water supply; sewerage,waste management and remediation activities	944
Construction	919
Real estate activities	881
Agriculture,forestry and fishing	828
Administrative and support service activities	670
Accommodation and food service activities	582

(Eur/Month)

Source: Czech Statistical Office 2017, Czech National Bank 2017

Figure 4-2   Average Monthly Wages in Selected Sectors in the Czech Republic in 2016

3. Labour Cost of Different Positions

According to statistics, the average monthly income of manual workers in the Czech Republic is only EUR 820, while that of non-manual workers is EUR 1349. Figure 4-3 shows the average monthly wages in selected positions in the Czech Republic.

In the Czech Republic, the law fixes the maximum work time at 40 hours per week for employees. For those who work two shifts, the limit is fixed at 38.75 hours. Czech law guarantees workers the right of holiday leave, and the minimum amount required by law is four weeks a year. In addition, there are 12 official public holidays in the Czech Republic.

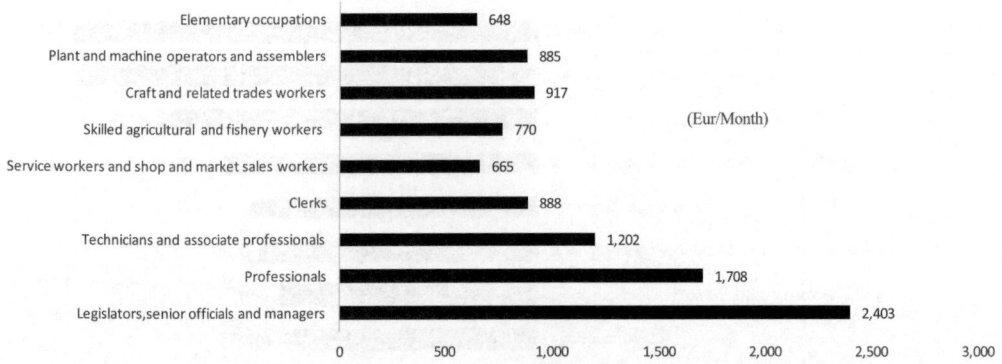

Source: Czech Statistical Office 2017, Czech National Bank 2017.

Figure 4-3   Average Monthly Wages in Selected Positions in the Czech Republic in 2016

Acknowledgement

It is the first time that the *Development Report on Zhejiang-Czech Economic and Trade Cooperation under the Framework of the Belt and Road Initiative (2018)* is released to the public. We owe a great deal of gratitude to many people and communities for their help, guidance and support during this process.

The compilation of this report has received careful and insightful guidance from Zhejiang Department of Commerce, particularly with firm support from its Division of Foreign Economic Liaison, Division of Outbound Investment and Economic Cooperation, Division of Foreign Trade Development. Their precious advice is of great significance for the completion of this report.

We would also express our heartfelt thanks to Wanxiang Group, Dahua Technology, Hangzhou Sunrise Technology Co., Ltd. and Ant Financial Services Group for their collaboration during the process of data collection!

We would like to dedicate our gratitude to co-workers in the research center as well as the English translating team, the Czech translating team and the referees for their diligent work. It would be impossible for the report to be released in three languages of Chinese, English and Czech without their work!